本书受黑龙江省省属高等学校基本科研业务费黑龙江大（引进人才）（HDYJW201802）资助。

The Value Composition and
Creation of Product and Service Portfolios:
An Neuroscience Perspective

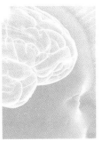

产品服务组合的价值构成与创造：
神经服务科学视角

赵美娜◎著

经济管理出版社
ECONOMY & MANAGEMENT PUBLISHING HOUSE

图书在版编目（CIP）数据

产品服务组合的价值构成与创造：神经服务科学视角/ 赵美娜著 . —北京：经济管理出版社，2021.1

ISBN 978-7-5096-7736-0

Ⅰ.①产…　Ⅱ.①赵…　Ⅲ.①产品管理—研究　Ⅳ.①F273.2

中国版本图书馆 CIP 数据核字（2021）第 025441 号

组稿编辑：赵亚荣
责任编辑：赵亚荣
责任印制：黄章平
责任校对：董杉珊

出版发行：经济管理出版社
　　　　　（北京市海淀区北蜂窝 8 号中雅大厦 A 座 11 层　100038）
网　　　址：www. E-mp. com. cn
电　　　话：（010）51915602
印　　　刷：北京玺诚印务有限公司
经　　　销：新华书店
开　　　本：720mm×1000mm/16
印　　　张：10.75
字　　　数：205 千字
版　　　次：2021 年 1 月第 1 版　　2021 年 1 月第 1 次印刷
书　　　号：ISBN 978-7-5096-7736-0
定　　　价：69.00 元

前言

　　服务已经变成了商业活动中占据份额最大和成长最快的组成部分之一，尤其是在互联网和信息技术与服务经济融合发展的背景下，大量的以推送服务为主体的互联网销售形式异军突起，产品与服务融合的形式丰富多样，人们的消费模式以及服务推送的方式正在发生巨大变化，正在逐步改变人们对传统服务的认知。提供产品服务组合已经成为企业增强其竞争优势的一种重要的商业模式，服务的差异性和多样性的特点导致产品服务组合的种类多样。电商平台已经开始提供产品服务组合，在网站的页面上消费者可以如同选择产品属性一样，选择服务的内容，并且进行购买，这对于消费者是一种全新的网络购物体验。消费者在产品服务组合的选购过程中，鉴于服务的差异性和多样性的特点，研究产品服务组合对消费者情绪和价值认知的影响具有重要的现实意义。情绪可以对认知判断过程产生影响，消费者情绪在消费者购买决策中扮演着重要的角色，甚至影响消费者行为。消费者在追求产品的效用的同时更加关注购买过程中的情感经历，诱发消费者的积极情绪也被视为一种新型的营销手段，因此探寻积极情绪的诱因至关重要。本书应用神经营销学（Neuromarketing）中的事件相关电位（Event-Related Potential，ERP）的研究方法，以经济学和管理学中消费者认知和消费者情绪理论作为研究基础，基于学者们提出的非理性经济人的假设，分析消费者对产品服务组合进行购买过程中的价值认知和情感卷入，为消费者对产品服务组合中各个要素的评估提供心理和神经机制。

　　本书通过模拟消费者网络购物的情境，运用与认知和情绪有关的事件相关电位成分，分析了消费者对不同产品服务组合的认知和情感卷入，基于认知神经学确定了产品服务组合的价值构成。本书将服务科学与神经学进行结合，能够通过脑科学的研究方法对人的行为和心理进行测量和观测，有效地解决了服务科学中人的因素难以控制和测量的问题。产品服务组合的出现将会区别于消费者对传统的单一产品或服务的选择，这一购买决策过程将体现消费者认知和情绪的交互作用。研究结果证实了消费者在网络购物过程中情绪的诱发,并且解释了产品属性和服务内容两者诱发的情绪效价存在差异。消费者在网络购物过程中,根据自身的认知能力对网站提供的产品和服务进行选择,但是情绪一直伴随消费者整个购买决策过程,网络购物环境或者网上所提供的产品信息及服务内容将成为诱发消费者情绪的主要因素。积极的情绪体验能够对消费者的购买行为产生积极影响并且提升消费者满意度。与产品有关的服务能够诱发与情绪有关的事件相关电位成分,这为评估产品服务组合提供了一种情绪测量的新维度,为产品服务组合的购买决策提供了一种神经学依据。消费者的购买决策将建立在对服务价值和服务成本的权衡基础之上,掌握消费者对于这种产品服务组合进行购买决策时的认知和情绪的交互作用,对于研究和设计新的产品服务组合具有重要的现实意义。根据脑电信号评估消费者在网络购物过程中对产品和服务的情感卷入,为消费者在网络购物过程中的购买决策提供了神经机制。企业如何提供有竞争力的服务一直是企业追逐的重要目标,基于服务所产生的特定的情绪效价,可以对不同类型的服务与产品进行组合,在不同的产品服务配置的情境下,对消费者的情绪的诱发进行测量,进而指导企业的与产品相关的服务的设计,为提供满足消费者需求的产品服务组合提供思路。因此,采用脑电波的实验方法对消费者的心理和神经机制进行测量,能够一窥消费者在服务接触过程中真实的神经和心理反应,研究结论能够用于企业改善服务过程、服务创新、服务营销及服务管理。

基于认知神经学的产品服务组合价值构成、消费者需求识别以及顾客认知能力与产品服务组合的价值认识等是研究的关键问题。本书的主要研究内容和结构安排为:第 1 章,介绍本书的课题来源、研究的主要问题、背景、目的以及意义;根据研究问题,对消费者情绪和价值认知的相关研究进行综述并分析了研究现状;提出了本书所采用的研究方法和技术路线。第 2 章,对产品服务组合、消费者情绪以及价值认知相关的理论进行了综述,并且对本书所使用的事件相关电位的研究方法的相关认知神经学理论进展进行归纳。第 3 章,主要基于脑电信号对产品服务组合中各个要素所诱发的情绪进行研究,提出产品服务组合各要素评估的神经学机制,并解释服务能够提升整体竞争力的主要原因。通过模拟消费者在线购买产品服务组合,比较消费者在对产品属性和服务内容进行评估时的情感效价的差异,进而明确消费者对产品服务组合中各要素进行选择时的心理机制。应用与情绪有关的 ERP 成分解释消费者在网络购物过程中的情感卷入,尤其对产品属性和服务内容所诱发的情绪进行评估。第 4 章,基于情绪的服务评价机制，考察消费者在面对同种产品不同服务时被诱发的情绪的差异，以及其对购买行为的影响，进而解释服务在产品服务体系中的重要作用。用户通过产品服务组合能够得到灵活和个性化的服务、优质的产品服务组合，以及持续的满意度。消费者对于不同类型的服务将会诱发不同的情绪效价，反映在ERP的波形和振幅上。通过运用脑电信号对服务诱发的情绪的测量，明确服务对消费者情绪的诱发进而阐释服务能够提升产品竞争优势的神经机制，进一步阐释了消费者在产品服务组合的购买过程中情绪的诱发以及情绪对购买决策产生的影响。第5章，分析消费者在购买产品服务组合过程中的认知与情绪的交互作用。产品服务组合的出现将会区别于消费者对传统的单一产品或服务的选择，这一购买决策过程将体现消费者认知和情绪的交互作用。在本书中选择以效用和结果为导向的产品服务组合形式，由于这种产品服务组合正处于新兴的发展阶段，消费者对其的认知也存在较大的差异，掌握消费者对于这种产品服务组合进行购买决策时的认知和情绪的交互作用，对于研究和设计新的产品服务组合具有重要的现实意义。第6章，本书在明确消费者对产品服务系统需求区别于对单一产品和服务需求的基础上，采用神经营销学的研究方法，针对产品服务系统的构成要素和类型多样的特点，解决消费者对产品服务系统的需求难以确定的问题，分析消费者对产品服务系统感知价值评估过程的神经机制。第7章，基于脑电信号的产品服务系统感知价值评估。通过模拟消费者对在线服务的购买情境，研究消费者对服务感知价值的评估，利用事件相关电位的方法验证了消费者感知价值评估过程是认知和情绪共同作用的结果，揭示了服务感知价值评估的神经学基础。第8章，消费者认知能力对产品服务系统购买决策的影响。消费者由于对产品和服务的购买经历和认知程度等存在差异，表现为消费者对服务价值和服务成本的认知存在较大的差异，消费者对产品服务系统的认知能力不同，证实了不同认知能力的消费者对产品服务系统的购买决策存在差异，并提出有助于提升消费者对既定产品服务组合感知价值的策略选择。第9章，对研究工作进行总结，并提出神经服务科学的应用领域及研究展望与探索。

目 录

第1章　绪论 ·········· **001**

1.1　研究背景 / 001

1.2　研究目的和意义 / 004

1.3　神经服务科学产生的理论基础 / 007

　　1.3.1　产品服务系统 / 007

　　1.3.2　消费者情绪 / 015

　　1.3.3　神经营销学 / 016

　　1.3.4　神经服务科学理论前沿 / 016

1.4　研究方法和内容安排 / 019

第2章　神经服务科学的理论架构 ·········· **023**

2.1　产品服务组合的价值构成 / 023

2.2　情绪理论 / 024

　　2.2.1　情绪的概念 / 024

　　2.2.2　情绪的测量 / 025

2.3　消费者情绪与购买意愿 / 027

　　2.3.1　消费者情绪的诱发 / 027

　　2.3.2　消费者情绪与消费者行为 / 028

　　2.3.3　消费者情绪与消费者满意 / 029

2.4　服务科学与消费者认知 / 031

　　2.4.1　认知 / 031

　　2.4.2　服务价值 / 032

　　2.4.3　价值认知 / 034

2.5 认知和情绪的神经学依据 / 036

　　2.5.1 事件相关电位分析方法 / 036

　　2.5.2 与情绪有关的 ERP 成分 / 037

　　2.5.3 与认知有关的 ERP 成分 / 039

第3章　产品服务组合价值构成与评估 ⋯⋯⋯⋯⋯⋯⋯⋯⋯⋯⋯⋯ 042

3.1 服务科学与产品服务系统价值构成 / 043

3.2 产品服务系统感知价值评估的神经学基础 / 044

　　3.2.1 产品服务系统的感知价值 / 044

　　3.2.2 认知神经学的应用进展 / 046

3.3 事件相关电位与感知价值评估 / 048

3.4 产品服务组合感知价值评估的脑电实验方法 / 050

　　3.4.1 感知价值测量的实验方法 / 050

　　3.4.2 EEG 记录与数据处理 / 051

3.5 神经服务科学的数据分析方法 / 052

3.6 神经服务科学的应用价值与前景 / 055

第4章　应用 EEG 的不对称性分析消费者对产品服务组合的

　　　　情感卷入 ⋯⋯⋯⋯⋯⋯⋯⋯⋯⋯⋯⋯⋯⋯⋯⋯⋯⋯⋯⋯⋯⋯ 057

4.1 引言 / 057

4.2 产品服务组合价值构成的神经学基础 / 058

4.3 产品服务组合要素价值评估的实验方法 / 063

　　4.3.1 实验设计 / 063

　　4.3.2 被试 / 063

　　4.3.3 实验素材 / 063

　　4.3.4 实验程序 / 064

　　4.3.5 脑电数据处理 / 065

4.4 数据分析 / 066

　　4.4.1 EPN / 067

　　4.4.2 LPP / 068

　　4.4.3 EEG 的不对称性分析 / 070

4.5 结果讨论 / 071

4.6　本章小结 / 074

第 5 章　基于脑电信号的消费者对服务内容的情感卷入评估········ 077

5.1　引言 / 077

5.2　服务感知价值评估的神经学基础 / 079

5.3　服务感知价值评估的实验方法 / 080

　　5.3.1　实验设计 / 080

　　5.3.2　被试 / 081

　　5.3.3　实验素材 / 081

　　5.3.4　实验程序 / 082

　　5.3.5　EEG 记录与分析 / 083

5.4　数据分析 / 084

　　5.4.1　脑电数据分析 / 084

　　5.4.2　行为数据分析 / 086

　　5.4.3　结果讨论 / 086

5.5　本章小结 / 089

第 6 章　基于脑电信号的消费者对产品服务组合的认知 ·············· 092

6.1　引言 / 092

6.2　产品服务组合认知的神经学基础 / 093

6.3　产品服务组合认知的实验方法 / 097

　　6.3.1　实验设计 / 097

　　6.3.2　被试 / 097

　　6.3.3　实验素材 / 098

　　6.3.4　实验程序 / 098

　　6.3.5　EEG 记录与分析 / 099

6.4　数据分析 / 100

　　6.4.1　顶区和枕区脑电数据分析 / 100

　　6.4.2　额区和中央区脑电数据分析 / 102

　　6.4.3　行为数据分析 / 102

6.5　结果讨论 / 103

6.6　本章小结 / 105

第 7 章 基于神经营销学的产品服务系统需求分析 ···················· 109

7.1 产品服务系统中产品和服务的关系述评 / 110

7.2 产品服务系统的需求分析 / 111

7.3 神经营销学与 PSS 购买决策 / 112

7.4 PSS 感知价值评估的神经学基础 / 114

7.5 N170 与需求差异分析 / 116

7.6 产品服务系统需求的神经机制 / 118

    7.6.1 N170 与不同产品内容的产品服务系统 / 118

    7.6.2 N170 与不同服务内容的产品服务系统 / 119

    7.6.3 行为数据 / 121

7.7 本章小结 / 123

第 8 章 消费者认知能力对产品服务系统购买决策的影响 ············ 124

8.1 消费者认知能力的神经学基础 / 124

8.2 产品服务系统价值影响因素的实验方法 / 127

    8.2.1 被试和实验设计 / 127

    8.2.2 实验素材 / 128

    8.2.3 实验程序 / 128

    8.2.4 EEG 记录与分析 / 130

8.3 脑电数据分析 / 130

    8.3.1 服务成本所诱发的 LPP / 130

    8.3.2 服务价值所诱发的 LPP / 131

    8.3.3 行为数据分析 / 132

8.4 结果讨论 / 132

8.5 本章小结 / 133

第 9 章 研究结论与展望 ···················· 134

9.1 研究结论 / 134

9.2 研究展望 / 135

参考文献 / 145

第1章 绪 论

1.1 研究背景

经济全球化和知识经济的发展已经使传统的以产品为核心的制造业发展模式面临严峻挑战。著名的 IBM 公司早在 20 世纪 90 年代已经开始由提供硬件产品向提供服务转型，在 2007 年 IBM 公司已经实现全球营运收入的 50% 来自咨询和信息技术等服务。目前全球制造业的发展正在经历重大变革，越来越多的企业开始通过产品与服务的融合来增强竞争力和企业利润。制造业服务化已经成为提升制造企业竞争优势的新途径，制造企业正在逐步地进行产品与服务的融合，甚至实现由制造商向服务商的转型。自 1998 年 Vandermerwe 和 Rada 提出制造业服务化的概念后，制造业服务化已经成为国内外学者研究的热点问题。研究的领域涉及制造业服务化的概念的演进、制造业服务化的形成机理和驱动力分析、企业实施制造业服务化的战略和模式、制造业服务化的优势和实施障碍，以及制造业服务化产生的经济效应等。在制造业服务化的趋势出现后，出现了一系列关于产品与服务融合问题的研究，例如产品服务系统、服务导向型制造、服务增强型制造和服务型制造等相关概念。产品服务系统（Product-Service System，PSS）是指由产品和服务组成的系统，形成具有竞争优势的支持结构，满足消费者的需求，同时降低传统商业模式对环境的影响，目前产品服务系统已经成为制造业服务化最为重要的商业模式之一。目前应用比较广泛的是 Baines 等提出的产品服务系统的定义，是指融合产品和服务在使用中传递价值，将经济成果从物质消费中分离出来，进而减少经济活动对环境的影响。PSS 实质上就是为消费者提供一种产品与服务的组合，提供非物质化的产品和服务的解决方案。中国处于制造业转型的关键时期，目前国内企业已经出现了制造业服务化的趋势，企业开始向消费者提供产品与服务组合。目前关于产品服务系统的研究多集中于产品服务系统的分类、特点以及实现路径等问题，而从消费者行为的角度对产品服务组合的认知和评估的研究则很少出现。

2004年初加州大学伯克利分校教授 Henry Chesbrough 提出了"服务科学"一词。2004年 IBM 在加州圣何塞的奥梅顿研究所召开全球可扩展企业时代的业务会议，Chesbrough 教授在会议专题中集体讨论"开创服务科学"的概念。服务科学也是在电子商务和管理学的发展中集多学科高度融合而形成的全新的科学领域，但是服务中的客户方被大大忽略。服务市场是指所有为了个人消费而购买服务的个人和家庭所构成的市场，服务消费行为也是服务科学中的研究对象。成功的现代服务营销是那些有效地开发对消费者有价值的服务，并运用富有吸引力和说服力的方法，将现代服务成功地呈现给消费者的企业和个人。掌握消费者对现代服务需求的形成及其发展规模，对研究消费者购买现代服务的行为和心理活动规律具有重要作用。服务的本质对象是人，在服务过程中尊重人的价值、社会价值和个性价值。在服务提供者设计服务的过程中如何为顾客创造惊喜、产生兴奋，成为了其追求服务质量和消费者满意的指标之一。服务的核心是服务者与客户之间的接触，这也正是在实际中情感遭遇经济之处，也是大多数人评价服务质量之处。而服务的无形性导致消费者对其的感知存在较大差异，这就导致服务的定制极其困难。情感是服务接触的输入端和输出端，如果能够掌握消费者对服务价值的认知和评估过程，以及对服务所带来的情感卷入进行分析，则能够有效地指导企业提供新服务，为实现服务的定制创造条件。消费者不仅需求多样，其对服务价值的认知和情感卷入也存在极大的差异，由于消费者本身成为了研究的中心，导致与之有关的变量难以量化研究，因此亟须采用科学的方法对消费者的认知和情绪进行客观、量化的研究。

消费者情绪在消费者购买决策中扮演着重要的角色，甚至影响消费者行为。消费者在追求产品的效用的同时更加关注购买过程中的情感经历，诱发消费者的积极情绪也被视为一种新型的营销手段。网络购物已经成为中国市场的一种重要购物模式。网络购物平台已经开始通过不同的方式增强其竞争力，2015年京东商城作为中国最大的电商平台之一，已经开始提供与电子产品相关的服务。在网站的页面上消费者可以如同选择产品属性一样，选择服务的内容，并且进行购买，这对于消费者是一种全新的网络购物体验，消费者在评估产品属性时也将考虑相关的服务，电商平台已经开始提供产品服务组合。消费者在产品服务组合的选购过程中，服务在诱发消费者的积极情绪上发挥着不可替代的作用。

服务与产品之间存在本质的差异，而服务的评价方法仍多局限于消费者的期望和感知，缺乏消费者对服务的客观的评价标准。消费者对服务的评价往往采用问卷调查的方法，但是这种方法多是事后测量，难以反映消费者在面对服务时的真实情感。随着脑科学和神经影像技术的发展，事件相关电位的研究方法不仅应用于心理学的研究，也在消费者行为方面有所应用，比如广告、品牌和产品属性等领域的研究，而在服务的认知和评价的领域还存在研究的空白。根据神经科学领域的研究，大量学者认为大脑前额区的不对称性与情绪的加工和处理有关。

在消费者行为的问题研究上，对于情绪的研究已经成为一个重要的分支。情绪的动机功能指情绪能够激励人的活动，提高人的活动效率，这也是消费者情绪对消费者行为产生影响的主要理论基础。由于情绪可以对认知判断过程产生影响，所以情绪应该可以对消费者感知服务质量或者服务质量评价产生影响。产品和服务是产品服务系统中最重要的两个基本组成要素，大多数关于产品和服务感知的研究都是将产品和服务作为相互独立的两个方面进行研究，尤其是通过产品质量或属性、服务创新、服务质量和消费者满意度等研究来体现的，目前尚未有直接研究产品服务系统对消费者情绪诱发的相关研究。在产品服务系统中，产品和服务是两个关键要素，目前有相关的研究表明，产品和服务分别能够诱发消费者的情绪。近来的研究显示，消费者满意度既包含认知成分又包含了情绪成分，没有情绪维度就不能完全解释消费者的反应。然而，绝大多数满意度研究只注意到了认知成分，而忽略了情绪在认知过程中发挥的作用以及两者的关系。

本书利用事件相关电位的研究方法，研究消费者对产品服务组合购买决策过程中的价值认知和情感卷入，比较消费者对产品服务组合中产品和服务两种要素进行评估时的神经机制，从消费者认知和消费者情绪的角度解释在产品服务组合中服务能够产生竞争优势的根源。在中国制造业服务化的背景下，产品与服务融合的模式仍需探索，研究消费者对产品服务组合的购买决策问题，以及产品和服务的配置能够为中国的制造业转型提供思路。分析消费者对于产品和对应的服务的认识，以及在产品服务系统中服务与产品的配置情况，阐释在产品服务系统中服务的重要作用。服务能够提高产品的竞争力，增强顾客的满意度，但是服务种类多样，服务的竞争力的根源及消费者对服务价值的感知程度如何衡量一直缺乏研究。产品服务组合中，服务的创新和服务设计是关键，通过衡量消费者对产品服务组合中服务的认知和情感卷入的差异，能够为与产品相关的服务的评估和设计提供新的思路和依据。本书运用脑电波的研究方法揭示消费者针对产品服务系统的感知和购买等决策过程。采用 ERP 的研究方法，模拟网络购物的情境，利用大脑中与情绪和认知处理有关的区域，分析产品服务组合对消费者情绪和价值认知的影响。

1.2　研究目的和意义

（1）为服务科学和消费者行为学的研究提供了全新的研究方法。本研究以传统的服务价值理论和消费者情绪理论为出发点，采用脑科学的研究范式为消费者行为、服务科学、管理学的研究提供了全新的方法论，在一定程度上摆脱了传统问卷研究主观性较强的桎梏，实现了心理学、神经营销学、管理学和服务科学的交叉应用，极大地拓展了管理科学和服务科学的研究空间，具有较强的理论指导意义。关于神经营销学和神经管理学（Neuromanagement）的应用多集中在决策研究层面，本书依托产品服务组合的平台和服务价值的感知，将这种多学科的研究方法应用于研究消费者的认知、情绪以及认知和情绪的交互作用，能够系统地解释消费者在购物过程中从需求认知到决策购买过程中的心理和神经机制问题。

基于脑科学的关于人类认知和心理的研究已经成为当代最新的研究领域之一，研究焦点开始转向人的因素，重视人的认知和情绪及其对行为影响的研究。无论是在以顾客需求为导向的生产模式背景下，还是从企业管理激励员工的角度，如何发挥人的主动性即主观动机即将成为管理学领域的新理念，这就需要从脑科学、心理和神经机制对传统的研究方法进行补充或者重新验证。本书的研究内容将对消费者行为和决策神经科学两个研究领域形成有益的补充。关于产品服务系统和消费者情绪的研究虽然是多年来各领域学者关注的热点，在经济金融、市场营销以及运作管理等多个领域都有一些研究成果，但是以消费者情绪为切入点，应用神经学的研究方法，以产品服务系统为研究对象，揭示消费者对产品服务组合的认知和情感卷入的研究仍处于空白的阶段。同时大量研究对于消费者的价值认知和情感卷入的研究多集中在变量之间的关系及问卷测量层面，并没有揭示消费者在面对产品服务组合进行决策时的神经层面的机制。神经营销学和决策神经科学借助神经科学，更好地对消费者的认知和情绪进行反映，可用于解释消费者在购买过程中认知和情绪所产生的作用。通过模拟消费者的购物情境，采用分析与认知和情绪有关的事件相关电位成分的方法，能够有效地反映消费者的评估和决策过程，同时利用实验中的消费者行为数据，为解释消费者行为提供了神经学依据。

（2）为神经服务科学的产生奠定基础。在神经经济学（Neural Economics）和神经营销学发展的基础上，本书将服务科学与神经学首次进行了结合，形成神经服务科学，这在一定程度上开辟了服务科学和神经学的交叉应用，具有极强的研究价值和前瞻性。关于神经学与其他学科的交叉应用主要体现为神经经济学、神经营销学和神经管理学，具体表现为普林斯顿大学在 2000 年提出的神经经济学概念；2004 年以美国贝勒医学院人类神经影像学实验室应用可口可乐和百事可乐进行的品牌认知实验为代表而诞生的神经营销学；浙江大学的马庆国教授 2006 年在此基础上提出的神经管理学。马庆国教授在提出神经管理学后又将其研究的领域扩展至神经工业工程等，应用脑科学解决变量测量的问题，其研究方法主张对现实问题进行猜测，进而通过实验设计进行解释和应用，研究的领域集中于决策和品牌管理等。目前采用神经经济学、神经营销学和神经管理学研究的领域包括决策行为，公平和合作，判断、选择与决策，选择偏好与策略，消费者行为等人类决策行为。

服务科学是在电子商务和管理学的发展中由多学科高度融合而形成的全新的科学领域。服务科学围绕着服务质量等实质性内容，但同时人的因素起着至关重要的作用，需要同时兼顾科学性，这就要求其能够采用量化的研究方法对人的行为和心理进行测量，由于服务科学这一新兴学科的特点，导致其本身具有多学科交叉的特点，研究方法目前仍处于探索之中。学者们能够在服务与产品存在差异上达成共识，但仍有大多数的研究搬用产品设计和质量感知的相关方法来研究服务管理，在诸多方向尚未形成体现服务本质特征的理论体系和研究范式。服务本质的无形性为传统的研究方法提出了极大的挑战，难以实时掌握消费者对服务价值的感知。将服务科学与神经学进行结合，能够通过脑科学的研究方法对人的行为和心理进行测量和观测，有效地解决了服务科学中人的因素难以控制和测量的问题。定制化产品已经出现，定制化的服务则需要企业对消费者的潜在需求进行全面的了解。产品在定制过程中消费者可以将属性进行设置，而服务消费者在没有体现的情境下难以自主地进行设置，因此通常企业需要进行服务设计和创新，消费者需要进行需求认知和价值评估进而做出决策。

本书的重要理论创新在于应用神经学的方法评估消费者对服务价值的认知和情感卷入，能够客观解释消费行为的内在心理和神经机制，代表神经服务科学的产生。神经服务科学之所以能够出现，主要是因为在服务科学领域的大多数变量都难以采用传统的问卷进行衡量，服务本质的无形性，以及服务交易中人所发挥的决定性作用，导致这一领域迫切需要采用一种行之有效的研究方法，脑科学的出现和应用必将促进该学科、该领域的新发展。神经服务科学的研究方向可以涉及服务提供者的管理、服务流程设计、服务创新、服务定价、服务营销和"互联网+服务"等相关研究。

本书研究的现实意义:

(1) 有助于企业的服务创新和服务设计。伴随着制造业服务化的趋势，制造企业提供产品服务系统可以成为中国制造业转型的模式之一。服务是产品服务系统中最重要的组成要素，在制造业价值增值的过程中发挥越来越重要的作用，伴随着服务要素的投入，制造业价值产生的来源将由传统的生产过程，不断向基于服务投入的产品设计和开发以及产品营销和售后服务等方面转移。由于服务要素的特殊性，制造企业希望通过提供差异化的服务提升竞争优势并创造价值，服务的作用以及与产品的关系正在发生巨大变化，甚至在某些领域会出现产品作为服务的载体的形式呈现，这需要这些企业在提供产品的基础上，了解消费者的需求，掌握消费者价值认知和情感卷入的心理和神经机制，促进提供与产品相关的服务，有助于服务创新和服务定价。

(2) 有助于服务营销和服务管理。成功的现代服务营销是那些有效地开发对消费者有价值的服务，并运用富有吸引力和说服力的方法，将现代服务成功地呈现给消费者的企业和个人。掌握消费者对现代服务需求的形成及其发展规模，对研究消费者购买现代服务的行为和心理活动规律具有重要意义。如果企业能够掌握消费者的心理，新的服务可能会改变或者创造消费者的需求，进而形成企业独有的竞争优势。本书分析了消费对产品服务组合进行购买过程中的情绪和认知的交互作用，得出了消费者面对服务价值和服务成本时情绪和认知的差异，进而有助于企业通过消费者学习、培训、讲座或者体验等方式来增强消费者认知，选择有效的营销手段。本书在基于消费者对产品服务组合进行购买的脑电波实验的基础上，着重解释了消费者对服务价值的感知和情感卷入，由于服务交易过程中人的因素显著，服务质量和消费者满意更是以顾客的感知为前提，因此采用脑电波的实验方法对消费者的心理和神经机制进行测量，能够一窥消费者在服务接触过程中真实的心理反应，研究结论能够应用于企业改善服务过程、广告设计以及服务人员的管理。

1.3 神经服务科学产生的理论基础

在经济学和管理学领域，关于消费者情绪和消费者认知的研究一直是学者们研究的重要领域，并且关于消费者对产品质量或者服务质量感知的评价方法也出现了较为成熟的理论。关于价值感知的研究不同的学者也形成了不同的理论分支，试图从更新的视角对消费者行为进行解释。伴随着脑科学的发展，以及功能性核磁共振（fMRI）和脑电测量的事件相关电位 ERP 技术在心理学上的广泛引用，神经营销学作为一种交叉学科应运而生。在这一新兴领域，学者们从知觉、注意、记忆、思维等层面解释消费者行为，并且在广告、品牌和消费者决策等领域出现了大量的研究成果。

1.3.1 产品服务系统

1.3.1.1 产品服务系统的概念及分类

产品服务系统是指由产品和服务组成的系统，形成具有竞争优势的支持结构，满足消费者的需求，同时降低传统商业模式对环境的影响。Baines 等提出的产品服务系统的定义，是指融合产品和服务在使用中传递价值，将经济成果从物质消费中分离出来，进而减少经济活动对环境的影响。关于产品服务系统的概念，不同学者提出了相关的概念，详见表 1-1。PSS 重视制造业发展与环境的关系，主张通过产品与服务的整合实现可持续性发展。产品服务系统是提供非物质化的产品和服务的解决方案，没有对附加产品或者附加服务进行严格的界定。

表1-1 产品服务系统的概念

学者	产品服务系统的概念
Goedkoop	指由产品和服务组成的系统，形成具有竞争优势的支持结构，满足消费者的需求，同时降低传统商业模式对环境的影响

续表

学者	产品服务系统的概念
Baines	是指融合产品和服务在使用中传递价值，将经济成果从物质消费中分离出来，进而减少经济活动对环境的影响
Stoughton	即制造企业逐步把产品内涵从单纯的有形产品扩展到基于产品的增值服务
Porter	将有形产品作为传递服务的媒介和平台，进而提高企业的资源生产力
Marceau 和 Martinet	将产品服务系统视为制造活动和服务活动间的关联，制造和服务在服务密集型产品的生产中扮演各自的角色，强调与客户的新型关系

产品服务系统的研究主要包括四个基本要素：一是产品服务组合的价值构成，即涉及产品服务组合的内容和形式，代表消费者愿意支付购买产品服务组合的价格而获得的收益；二是产品服务组合的基础设施和支持网络，比如内部和外部组织结构、资源与能力，这将决定产品服务组合如何生产和如何将其交付给客户；三是产品服务组合的流通渠道，包括企业与目标顾客之间的分销渠道、产品和服务的传递，以及如何建立与顾客之间的关系；四是产品服务系统的可持续发展，包括经济、社会和环境等因素。产品服务组合包括多种多样的服务类型，本书关注产品服务组合的价值构成部分。

提供的产品和服务组合已经成为许多公司的选择，代表由企业提供纯产品转向提供综合产品服务组合的商业模式。学者们对产品服务组合的类型已经进行了划分。为了应对服务化的挑战，产品制造商重新设计他们的组织原理、结构和流程，以及与客户和供应商的关系。Mathieu 根据服务的接受方确定了两种不同的产品服务组合形式：一是支持产品的服务，二是支持顾客活动的服务。支持产品的服务通常提供标准化的解决方案，与顾客之间的关系的密切程度较低。支持顾客活动的服务通常会提供定制化的解决方案，在顾客和服务提供者之间存在密切的联系，在这种情况下，人已经成为价格、产品、促销和地点这种营销组合中的主要变量。Manzini 和 Vezzoli 提供了基于产品和服务组合供给的服务的分类方法，提出了三个维度，包括产品的所有权、使用权和决策权。根据这三个维度定义了三种产品服务组合：一是在产品的生命周期环节增加服务，二是在提供客户最终结果时增加服务，三是服务为客户提供平台。同样，从消费者所有权和使用权的角度，Bartolomeo 也对产品服务组合进行了分类。研究者对产品服务组合的划分主要分为两类：一是以产品为主体的服务，包括产品效应和扩展服务等；二是以信息为基础的服务，包括建议、咨询和中介活动等。

Gao 根据产品的使用权和使用维度将产品和服务组合分为三个维度，即以产品、应用和效用为导向的产品服务系统。这个分类是在 Wise 和 Baumgartner 的观点上演化而来的。Tukker 在之前的分类基础上系统地将产品服务系统分为三类，是按照产品的使用权、所有权和决策权将产品服务组合分成以产品为导向的产品服务系统（Product-oriented PSS，PPSS）、以应用为导向的产品服务系统（Apply-oriented PSS，APSS）和以结果为导向的产品服务系统（Utility-oriented PSS，UPSS），这种划分标准的特点详见表 1-2。以产品为导向的服务系统是提供产品同时附加额外的服务，用户接受产品的同时使用企业提供的服务，例如维修和安装等。以使用为导向的产品服务系统是产品功能同附加的服务一起销售给消费者，也可以表现为企业保留产品的所有权，只销售产品的功能，例如租赁服务。面向结果的产品服务系统是向用户销售具体的结果和功能，产品的所有权归企业，用销售具体的能力取代产品，例如用销售零件替代制造设备、用销售洗衣服务替代销售洗衣机。

表 1-2　按照产品的使用权、所有权和决策权对产品服务组合的分类

产品服务组合 类型	特点		
	产品所有权	产品使用权	产品决策权
以产品为导向的产品服务组合	顾客	顾客	顾客
以应用为导向的产品服务组合	产品服务组合提供者	顾客	顾客
以结果为导向的产品服务组合	产品服务组合提供者	产品服务组合 提供者；顾客	顾客；产品服务 组合提供者

研究者后来还从产品和过程的角度对产品服务组合进行了划分。Oliva 和 Kallenberg 从另一种角度进行划分，公司会根据其在卖产品到卖服务的过渡中对自身进行定位。根据这一目的，产品服务组合包括两个维度：一个是以产品为导向的服务，另一个是以用户使用过程为导向的服务。第二个维度则根据顾客交互作用对产品的销售和与顾客建立和维系关系的角度进行界定。在这种划分方式中，企业通过对过程的支持和与顾客的活动保证产品的可获得性和功能性。Mathieu 强调顾客和产品服务组合提供者之间的关系的密切程度以及定制化服务程度的增加，其关于产品服务组合的分类及特点见表 1-3。

表 1-3 按照产品服务组合的关注点对产品服务组合的分类

产品服务组合的关注点类型	特点	
	与顾客关系的密切度	服务定制化水平
产品	低	低
过程	高	高

按照产品服务组合和顾客之间的关系进行划分,将顾客与产品服务提供者之间的交互关系划分为以交易为基础的和以关系为基础的两种视角,详见表1-4。由于公司承担服务活动,因此公司将承担更大的责任,这使产品和服务提供者的风险增加,于是企业将风险转嫁为提升价格,价值的增加包括其为顾客所创造的价值。服务定价原则需要对传统的基于交易的定价方式转化为基于关系的这种创新型模式。这种定价方式则包含对效用的衡量,比如时间和关系的密切度;服务的表现,诸如服务的可获得性和质量;以及服务的结果,例如成本的减少和营业额的增加等。

表 1-4 按照顾客与产品服务组合提供者之间的关系对产品服务组合的分类

顾客与产品服务组合提供者之间的关系类型	特点	
	风险	价格
以交易为基础	消费者	定价
		固定费用
以关系为基础	产品服务提供者	基于使用定价
		基于表现定价
		基于结果定价

产品服务系统是基于客户需求发展起来的,是客户导向模式的产物,产品服务系统能够更好地满足消费者需求。制造企业开始重视客户需求,面向客户的需求提供产品与服务的组合。企业会以客户的需求为导向,设计差异化的服务,在制造业服务化的研究中提及了客户价值的重要性,并有学者指出企业与客户的关系应是基于产品和运营的表现增强与客户的互动,客户是价值的接受者,制造商如何向客户提供服务价值也成为了这个领域研究的热点。以客户为导向的模式的产生是制造业服务化快速发展的原因之一,制造业提供产品和相关服务的主要目的是满足客户需求。

产品服务系统处于不断的演化之中，并不是一成不变的。对于某些面向产品的产品服务系统而言，企业提供产品附加相关的服务，产品仍是主导，在发展过程中服务在产品服务系统中的地位和作用会不断发生变化，经历产品和服务共同作用以及产品成为提供服务的载体的最终状态。例如，奥梯斯电梯公司作为电梯的制造公司，已经成熟地向客户提供电梯相关的维修服务，并且由于其专业化的服务已经能够为公司创造极大的价值，其中服务在公司的收入和利润中占据半壁江山。美国通用汽车公司作为汽车的制造商，在 1996 年的年利润中就已经实现了 41% 由产品相关的服务提供，实现了产品和服务相互促进的发展模式。苹果公司在产品服务系统的设计和实施上则更具有竞争优势，并且能够根据产品实施差异化的服务战略，将同种笔记本产品搭配不同类型的服务，如保修期时间的差异，进而满足顾客的需求，这种产品服务组合提升了企业的竞争优势，并且其中的服务能够创造价值。

在产品服务系统中，客户所获得的价值与传统的产品所提供的价值有所不同。当消费者单纯购买产品时，顾客通过支付成本获得了产品的所有权和使用权，其顾客价值则体现为产品所带来的效用。当消费者购买产品服务系统时，其所获得价值会是产品和服务的共同价值，具体表现为产品价值和服务价值之和。由于服务能够实现企业与消费者的互动，因此在企业提供产品服务系统的过程中有助于实现企业和顾客价值共创。产品服务系统的设计将围绕顾客的需求，因此顾客产品和服务的感知也决定了其对产品服务系统的价值构成，顾客在对产品服务系统的认知过程中将对其所支付的时间和体能等成本，以及产品和服务所带来的收益进行权衡。

1.3.1.2　产品服务系统的收益

产品服务系统是围绕产品和服务而建立的支持网络设计的商业模式，比传统的商业模式更能满足消费者需求。提供产品服务系统将改变生产和消费者的消费模式，同时制造业、服务公司，以及政府、社会和客户都将从中获益。Manzini 指出一个公司如果开始提供产品服务组合，则会提供更高质量的产品，提供更个性化的服务，为创造顾客忠诚和保留提供差异化，减少产品在其生命周期内对资源消耗和对环境的污染，提高企业效益，帮助创造新的就业机会等。产品服务系统的出现能够为企业带来新的竞争优势，产品服务系统所能够带来的收益已经成为学者们研究的重点，Aurich 指出其收益主要体现在消费者、产品和服务提供者、环境和社会等方面。Mittermeyer 指出企业采用产品服务系统后，能够减少成本和资源，实现收益最大化，在发展过程中的知识创造作为培训和咨询等服务被销售，产品与不同服务融合能够实现再利用。Tukker 认为通过配置和使用产品和服务能够提高企业的创新潜力。

　　许多学者也通过研究证实了企业可以通过提供产品服务系统提升竞争优势。Vandermerwe 和 Rad 认为制造企业进行服务化的主要原因是为竞争对手设置障碍、锁定顾客，提高差异化程度。提供差异化的服务是将企业的产品与同类产品进行区分的有效手段，许多公司通过这种战略来提升竞争优势。Manzini 指出，制造企业围绕顾客需求提供的服务活动具有两个显著优势：一是实现了市场的差异化，二是为竞争者设置了进入障碍。Markeset 也认为制造企业可以通过特定的产品和服务组合获取差异化的竞争优势，制造企业不再仅通过产品竞争，而是依靠必要的技能和资源来为顾客提供完整的解决方案。Oliva 和 Kallen-berg 认为，服务具有难以模仿的特点，通过向消费者提供差异化的服务已经成为企业提升其竞争优势的重要战略，这也是产品服务系统能够带来的最为重要的收益之一。详细了解产品服务类型可推动集体知识升级和帮助正在考虑服务化策略的组织。客户需求和期望的变化、环境因素以及为追求产品利益而带来的竞争的加剧，使企业转变视角来推广新的商业模式从而增加收入和利润。

　　产品服务系统是目前制造业增强其竞争优势的一种重要的商业模式，在这种商业经营模式中，由于服务有区别于产品属性的显著特点，并且服务的种类多样，因此能够提升制造企业的竞争优势。企业选择恰当地提供产品服务系统能够增强企业的竞争力。当企业基于竞争战略的考虑，运用技术和营销手段，通过提供与产品相关的差异化服务来满足顾客需求时，将增强企业竞争力。Mathieu 认为制造业在未来成功的关键在于把有形产品同无形的服务进行结合，提高产品的满意度。Neely 指出企业采用产品服务系统后，能够减少成本和资源，实现收益最大化，在发展过程中的知识创造作为培训和咨询等服务被销售，产品在于不同服务融合和能够实现再利用。Neu 认为产品服务系统能够提高消费者的忠诚度和信任程度。Tukker 认为通过配置和使用产品和服务能够提高企业的创新潜力。Oliva 认为通过产品和服务系统能够得到灵活和个性化的服务、优质的产品和服务以及持续的满意度。

　　由于技术的发展和知识经济的兴起，企业发展和生存的市场环境发生巨大变化，企业提供产品和服务系统，环境效应显著。通过产品服务系统的提供，企业可能会改进原材料的设计，降低能源消耗，也有可能改进产品的设计和利用，在产品的生命周期的各个阶段降低对环境产生的不利影响。Baines 认为以顾客为导向的模式的产生、市场环境的变化以及外包的出现是制造业服务化快速发展的原因。Gaiardelli 等认为推动企业制造业服务化的主要原因是顾客需求的变化、企业盈利能力的减弱和产品的商品化程度的增强等市场环境的变化，同时服务能够为企业带来高额利润和稳定的收入。Lightfoot 指出制造企业增加值的绝大部分都由以知识为基础的服务活动产生。Oliva 指出制造业企业把服务整合到其核心产品提供物中的经济理由是企业相当多的收益来自于产品整个生命周期的顾客，服务通常比物品能产生更高的利润，服务提供了更为稳定的收益来源。因此，企业提供产品服务系统可以作为其提高利润的重要途径。

1.3.1.3 实施产品服务系统的路径和障碍

自产品服务系统的概念提出后，企业如何实现提供产品与服务融合以及企业在转变过程中需要的能力等问题一直是国内外研究的热点，出现关于实现提供产品服务系统的相关路径的研究。主要原因是制造业在提供产品服务系统的过程中，企业的要素投入、生产方式和组织控制等与传统的只提供产品或服务的企业存在较大差别。因此，关于产品服务系统实施路径的研究多是基于促进制造企业角色转变的战略、模式等方面的研究。Rapaccini 系统地比较了传统的制造业、传统的服务业和以产品为中心的服务化三者之间企业投入的差异，并且着重分析了以产品为中心的服务化在技术、组织能力和与顾客关系等方面的具体要求。具体表现为实施制造业服务化的企业需要开发一系列新技术，通过运营实现生产和服务的高效传递；在人力资源管理方面需要工人具备高水平的产品知识和关系发展能力；在业绩管理方面关注产品生产能力、反应时间和顾客满意度；在与顾客的关系上应基于产品和运行表现与顾客进行较强的互动。制造业服务化的进程中，由于企业服务化水平的不同，制造企业采用的产品服务系统的类型也会有所区别。具体表现为在进行服务化转型过程中企业投入的资源和组织结构调整等不同变化，以及提供不同的产品与服务组合等。

产品与服务融合的模式需要具备集中、储存、分析产品和用户数据的能力，然后在此基础上为提高顾客活动价值提供信息，进而提供产品与服务的组合，提供针对用户的解决方案。Vandermerwe 提出企业应采用方法了解客户需求，并将其称为客户的活动周期。通过了解客户在接受服务时的表现，以及前期和后期的行为，能够帮助企业寻找为顾客提供价值的机会。企业需要建立产品与客户之间的联系，进而进行产品与服务的融合，寻找潜在的商业机会。当企业开始提供产品服务组合时，企业投入的资源将发生变化，可能需要原来传统企业所不具备的能力，企业在提供产品服务体系时也存在诸多的障碍。企业的高层管理人员的理念至关重要，管理者需要能够意识到服务的作用和服务价值。Oliva 和 Kallenber 指出制造企业向服务化转变的关键是企业的战略导向和具体的开发活动，Gebauer 等提出制造商应向以顾客为中心和价值共创的方向转变，Mathieu 指出企业应通过创新商业模式和技术发展促进产品和服务的融合，这都需要发挥企业高层管理者的作用。因此，高层管理者应意识到企业发展潜在的需求和风险，寻求通过服务化提升竞争优势的模式，将服务融合到企业的竞争分析和战略设计之中。

提供差异化的服务是企业提供产品服务系统的重要条件，也是确保竞争优势的根本所在。服务与产品存在本质上的差异，由于服务不像技术、产品生产等具有保密或者难以模仿的特点，并且种类和形式多样，因此企业提供产品服务系统的关键在于确定区别于竞争者的服务包，设置竞争者难以模仿的具有创新性的进入壁垒。当竞争者开始提供相关的核心服务时，企业应附加额外的服务价值，确保服务价值的差异化。Neely 提出通过制造业服务化实现提高利润和锁定客户，需要通过提供精细服务实现差异化。Baines 等提出制造业服务化转变需要实现高价值的商业活动和差异化，Oliva 提出制造业服务化的关键是需要在商业模式视角下进行创新活动，这表明制造商需要通过特定的模式实现服务价值的差异化。

提供服务的能力也构成了企业提供产品服务系统的障碍之一。制造企业是否有能力和设施培养服务是实现服务化的必要条件之一，这需要制造业在服务设计方面进行相关的资源投入。以前没有提供服务的企业需要克服管理模式的转变，保持与相关服务供应商之间的关系。Penttinen 指出向服务化转变的关键在于企业是否具备特殊的服务能力，并结合资源进行供给。Manzini 提出实现制造业服务化的关键是企业的组织文化和能力，以及组织安排。Markeset 提出企业的经营运行的能力和动态发展能力是向服务化进行转变的重要条件。对于消费者而言也需要经历接受服务的过程，由于消费者对服务的不了解，企业需要利用以服务为中心的商业模式引导消费者的需求。

然而大多数公司不提供有效 PSS，正如 Gebauer 所提到的服务悖论指出，公司投入巨资扩展其服务业务，增加了成本但是没有收到预期的回报。目前的制造企业由于缺乏服务文化导致难以提供服务设计和服务供给。在这种状况下，企业面临的困难包括难以定义服务内容和缺乏相关的资源和支持。因此，明确适当的产品服务组合非常必要，包括传统的产品服务组合和新兴的服务化程度较高的产品服务组合。

1.3.2 消费者情绪

消费者情绪是指消费者在对产品或服务的认知、购买以及使用过程中所产生的情感回应，目前常见的描述方式包括结构性的情绪形态和特定的情绪体验及表现方式等。其中关于消费者情绪的测量、情绪与消费决策评价理论等研究一直是研究的重点。情绪在消费者决策过程中发挥了越来越重要的作用，近几十年来大量学者开始关注情绪对消费者行为的影响。消费者购买产品已经不再单纯地购买产品的功能和产品体本身，而是更加追求商品带来的某种心灵深处的情感波动。Laros 认为消费者无论是在网络购物还是实体店购物都追求一种积极的情感体验，企业应该重视消费者在消费过程中的情感诉求。心理学关于自发情感反应的研究显示，追求积极的情绪体验能够促进选择行为。关于情感信息控制过程的研究显示，对于满意和情感的预期影响选择。Pham 提出感觉被视为代表正在考虑的一个目标和判断相关的任务时消费者可将情感作为重要信息。Yeung 和 Wyer 指出尽管通用的评价标准已经确定，但是当消费者对产品图片进行评价时基于情感的印象仍然影响后期的评价。同样研究者也提出当人们在经历一些非一般的经历时强烈的情感将在决策时发挥激励作用。

消费者情绪能够影响消费者行为，消费者情绪的诱因一直是学者研究的焦点。Laros 等发现诸如产品和品牌都能够在消费者购买决策中诱发情绪，不同类型的广告能够诱发人们不同的情绪。Bitner 提出服务环境能够影响消费者的情绪、认知和心理过程，进而影响消费者行为。Chaudhuri 将产品划分为必需品和奢侈品，指出消费者对这两类产品的风险感知和诱发的情绪类型存在差异，正面情绪能够降低消费者购买品牌的风险。Tractinsky 等发现产品类型和网站页面的风格将影响消费者情绪。良好的服务能够诱发消费者的积极情绪，例如在酒店管理的相关研究中指出服务诱发的情绪将会影响顾客满意，同时也有一部分学者研究指出，消费者在旅游过程中的消费很大程度上来自于积极情绪的驱动。消费者情绪伴随着整个购买决策过程，在实体商店中，消费者店面的陈设、良好的服务接触、产品属性等都能够诱发消费者情绪。积极情绪对销售具有促进作用，因此商家也重视广告宣传、体验、销售促进等方式诱发消费者的积极情绪。消费的乐趣能够在实际消费之前得以感知，消费者可以享受消费预期和选择的经验，在合理化的决策过程中寻找并享受乐趣。可见，研究消费者情绪系统和情绪产生的时间节点至关重要。学者普遍认为目标达成是一种行为的结束状态,其中激励是促使人们采取目标导向行动的一种内在动力。尽管高兴和愉悦作为积极情绪通常被视为一种目标状态,情绪仍被视为影响人们采取目标导向行为的重要激励。

1.3.3 神经营销学

神经营销学是一门集合管理学、心理学和神经科学的交叉学科,将神经科学的研究方法应用于分析决策和市场经济行为的神经基础,研究消费者决策、品牌和偏好等的心理和神经机制,源于决策神经科学的发展。马庆国等也应用了 Decision Neuroscience 的概念,分析了神经管理学发展趋势。

神经营销学的研究方法主要包括功能成像技术和事件相关电位。功能性磁共振成像(fMRI)等神经影像学技术能够凭借其良好的空间分辨率有助于脑区功能的界定,为情绪的研究提供了重要的方法和依据。fMRI 通过对大脑各个区域内静脉毛细血管中血液氧合状态所引起的磁共振信号的变化进行测量,能够针对情绪在脑部表现的回路活动进行定位。EEG 和神经影像学研究显示,恐惧、厌恶和潜在悲伤等基本情绪的脑区定位能够应用神经影像学进行证实,大脑右半球将被激活,并且当积极情绪产生且出现趋近的状态时,大脑的左半球将会被激活。消费者情绪在消费者决策行为中发挥重要作用,人们对刺激的第一反应多是自动发生的情绪反应,这种情绪反应会引导信息处理和判断。在决策神经学中 Sanfey 等人通过 fMRI 实验验证了情绪在决策中的重要作用,被试在决策过程中与情感相关的前岛叶(Anterior Insula)和与认知相关的背外侧前额叶(Dorsolateral Prefrontal Cortex,DLPFC)都被激活,当被试对刺激做出决策时,前岛叶的激活显著增强,证实了情绪在决策中的作用。

1.3.4 神经服务科学理论前沿

在产品与服务系统的相关研究中,研究热点集中于企业产品服务系统的分类,以及优势和企业提供产品服务系统的相关路径,这都是集中于企业的角度,缺乏从消费者的角度对产品服务系统认知的相关研究。中国目前处于制造业转型的关键时期,研究消费者对产品服务系统的认知,可以帮助制造企业掌握消费者对产品和服务认知上的差异,进而为企业提供与产品相关的服务提供思路,从而推进中国制造业的转型,增强中国制造业的国际竞争优势。在产品服务系统的设计中，服务具有无形性和多样性等诸多与产品不同的特点，这也会使同一种类的商品派生出种类多样的产品服务系统，产品与服务的配置以及服务的设计对中国制造业的发展与转型至关重要。

在产品服务系统中，服务是最为重要的因素，是差异化和竞争优势的重要来源。在整体产品概念中提出了一种以核心产品为中心、以服务等作为延伸层次的商品模型，其中产品的延伸层次包含了吸引顾客的相关因素。这种整体产品概念虽然包含吸引消费者的服务要素，但是缺乏对产品和服务要素的差异性进行区分，尚未对产品与服务的配置进行划分和界定。而产品服务系统则按照产品服务化的程度对产品与服务的组合进行了细致界定，区分产品与服务要素的功能，明确了不同产品与服务组合的差异性。在消费者行为的研究中，主要集中于消费者对产品或服务的价值感知，而对于产品服务组合的价值认知以及其中各个要素的认知和情感卷入的研究则很少出现，尤其是在产品服务系统中针对服务设计以及服务价值感知的研究。消费者对产品服务组合的价值感知则区别于单一产品属性和服务内容的感知，消费者将对产品属性和服务内容的价值进行整合，形成最终的产品服务组合的价值感知。但是，在消费者对产品属性和服务内容的价值感知进行整合的过程中，消费者对于产品属性和服务内容的感知利得的分配与权重则难以衡量。服务在产品服务体系中发挥重要作用，其根本原因在于消费者对于服务特殊的感知与评价。服务是产品服务系统中特殊的要素，但是目前关于服务的研究多数集中于服务的定义、服务质量、服务价值感知等，仍是将服务作为单独的研究问题进行研究。由于服务的配置和设计能够有效地实现产品服务组合的差异化，实现顾客价值的创造，这将增强企业的竞争优势。因此在关于产品服务组合中，如何实现核心产品与附加服务的捆绑以及掌握消费者对产品服务化的价值感知对于企业来讲至关重要。消费者情绪能够影响消费者的购买行为，同时产品和服务都能够对消费者的情绪在一定程度上产生影响，甚至诱发情绪。消费者对产品服务组合的购买决策过程受诸多因素影响，其中情绪能够发挥一定的作用。但是产品服务系统是一个复杂的产品和服务的组合，以情绪为主要的切入点对其进行认知的评价研究目前仍处于空白阶段。

在解释消费者决策评估问题上，对于情绪的研究也逐渐进入主流。情绪的动机功能是指情绪能够激励人的活动，提高人的活动效率，这也是消费者情绪对消费者行为产生影响的主要理论基础。产品和服务是产品服务系统中最重要的两个基本组成要素，大多数关于产品和服务感知的研究都是将产品和服务作为相互独立的两个方面进行研究,尤其是通过产品质量或属性、服务创新、服务质量和消费者满意度等研究来体现的,目前尚未有直接研究产品服务系统对消费者情绪诱发的相关研究。在产品服务系统中,产品和服务是两个关键要素,目前有相关的研究表明,产品和服务分别能够诱发消费者的情绪。近年来的研究显示,可以从认知和情绪两个角度对消费者满意度进行衡量,研究消费者情绪的变化是否能够全面地解释消费者满意度,但目前多数研究仍然是从认知的角度进行研究,虽然有研究涉及了情绪对消费者满意度的影响,但是采用脑电实验的方法进行研究的还很少出现。消费者情绪对购买行为产生影响,同时产品和服务都能够对消费者的情绪在一定程度上产生影响,甚至诱发情绪。产品服务组合的设计应该充分发挥服务差异化的特点,以及积极情绪的诱发对消费者购买行为的促进作用。

目前已经存在一些运用 EEG 的方法解释人脑对于不同情绪类型的文字或者图片的成分和波形的研究,但是尚未出现将 EEG 的研究方法应用于消费者情绪的层面。虽然众多学者对运用神经科学方法研究消费者行为抱有浓厚的兴趣,但受到研究工具的限制,目前的相关研究尚处于起步阶段。例如,fMRI 技术在刺激发生后大脑活动随时间变化的问题上解释力度稍弱,因为 fMRI 的时间分辨率只有 1~3 秒,与此对应,事件相关电位的时间分辨率可达微秒级,虽然在空间分辨率上较 fMRI 稍弱,但在以往的研究成果基础上可以快速定位相关刺激引发的活动脑区的电极,进而研究该部分脑区在时间进程上的活动。消费者决策过程模型一直是一个理论模型,即需求认知→信息搜索→方案评估→购买决策→购后行为。在消费者对产品和服务的需求认知和方案评估过程中,关于诱发情绪的量化研究及其所发挥的作用的相关研究还处于空白,尚未获得消费者神经学的相关研究支持。

综上,基于对目前消费者决策的神经科学研究成果的总结,无论是研究方法还是研究内容,甚至是具体的实验设计都有较大的改善空间。未来的研究如果可以兼具这三个方面,不仅有利于解释消费者对产品服务组合的认知和情感卷入评估依据,而且从神经层面解释影响消费者情绪及决策评估过程的神经刺激回路,符合当前消费者行为研究中多学科理论交叉与融合的发展趋势。

1.4 研究方法和内容安排

本书主要采用产品服务系统和消费者情绪的相关概念，并运用神经营销学实验研究方法进行验证，运用事件相关脑电位技术，对消费者购物行为数据进行统计分析，确定消费者在对产品服务组合购买过程中的认知与情感卷入，以及与消费者情绪有关的关键 ERP 成分。

本书的技术路线如图 1-1 所示。

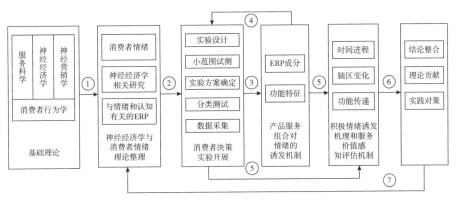

图 1-1 本书技术路线

（1）从管理科学、服务科学、营销学、消费者行为学、认知神经科学中，整理与产品服务系统、消费者行为与决策、价值感知、消费者情绪相关的研究成果，作为本书的理论基础。

（2）根据价值感知和消费者情绪等方面文献的研究成果，应用事件相关电位的研究方法设计实验范式、实验内容、实验方案，并设计参考心理学的实验范式，保证实验条件和被试人数的规范性，在北京航空航天大学的行为和人因实验室提供的 EGI 脑电分析系统进行实验数据采集。

（3）实验数据采集成功后，根据与认知和情绪有关的事件相关电位内源性成分的脑区定位选择恰当的电极位置和 ERP 成分，根据实验所设计的不同的刺激分类条件，从认知和情感卷入的角度分析对产品与服务组合进行购买决策的神经机制。

（4）根据成分分析结果和问卷，对实验设计进行适当修正。

（5）结合问卷调查和脑电实验设计，分析消费者对产品服务组合的认知和情感卷入，应用与认知和情绪有关的 ERP 成分分析消费者对不同产品服务组合的价值感知，运用神经营销学的方法解释消费者行为。

（6）对数据进行分析和验证，验证假设，对实验结果进行解释和总结，提出理论贡献和对现实的指导价值。

（7）明确实验研究方法的局限性，以及实验素材和被试的有限性，掌握本学科领域先进的研究方法和交叉学科的应用，为未来的研究奠定基础。

根据以上的技术路线和思路，本书的结构安排如下：

第 1 章，介绍本书的课题来源、研究的主要问题、背景、目的及意义；根据研究问题，对消费者情绪和价值认知的相关研究进行了综述并分析了研究现状；提出了本书所采用的研究方法和技术路线；介绍本书的主要内容以及各个章节的主要安排。

第 2 章，对产品服务组合、消费者情绪以及价值认知相关的理论进行了综述，并且对本书所使用的事件相关电位研究方法的相关神经营销学的理论进行了归纳，为本书的研究奠定了理论基础。

第 3 章，主要基于脑电信号对产品服务组合中各个要素所诱发的情绪进行研究，提出产品服务组合各要素评估的神经学机制，并解释服务能够提升整体竞争力的主要原因。通过模拟消费者在线购买产品服务组合，比较消费者在对产品属性和服务内容进行评估时的情感效价的差异，进而明确消费者对产品服务组合中各要素进行选择时的心理机制。应用与情绪有关的 ERP 成分解释消费者在网络购物过程中的情感卷入，尤其对产品属性和服务内容所诱发的情绪进行评估。服务内容能够诱发早期后叶负波，该 ERP 成分属于早期情绪效应，并且还能够诱发晚正电位（Late Positive Potential，LPP），这是参与情绪深度加工的复杂成分，实验结果显示服务内容使大脑的左前额区域出现被激活的状态，这说明服务能够诱发积极情绪。

第 4 章，基于情绪的服务评价机制。考察消费者在面对同种产品不同服务时被诱发的情绪的差异，以及其对购买行为的影响，进而解释服务在产品服务体系中的重要作用。用户通过产品服务组合能够得到灵活和个性化的服务、优质的产品和服务以及持续的满意度。消费者对于不同类型的服务将会诱发不同的情绪效价，反映在 ERP 的波形和振幅上。通过运用脑电信号对服务诱发的情绪的测量，明确服务对消费者情绪的诱发进而阐释服务能够提升产品竞争优势的神经机制。在对服务的评估过程中将应用 LPP 的波幅大小衡量消费者情感卷入的程度。证实 LPP 出现在左前额区域，再次证实大脑左前额叶皮层与情绪功能之间的关系。实验结论有助于说明不同服务的情感效价，进一步阐释了消费者在产品服务组合的购买过程中情绪的诱发以及情绪对购买决策产生的影响。

第 5 章，分析消费者在购买产品服务组合过程中的认知与情绪的交互作用。产品服务组合的出现将会区别于消费者对传统的单一产品或服务的选择，这一购买决策过程将体现消费者认知和情绪的交互作用。在本书中选择以效用和结果为导向的产品服务组合形式，由于这种产品服务组合正处于新兴的发展阶段，消费者对其的认知也存在较大的差异，掌握消费者对于这种产品服务组合进行购买决策时的认知和情绪的交互作用，对于研究和设计新的产品服务组合具有重要的现实意义。本章将利用与认知有关的枕区和与情绪有关的额区和额区及中央联合区的 ERP 成分，综合分析消费者对产品服务组合的评估。根据消费者对感知价值的评价主要来自于价值和成本的差异，本章将利用事件相关电位的方法分析消费者对产品服务组合所能够提供的价值和支付成本的认知，研究消费者在购买决策过程中的认知和情绪的交互作用。实验结果显示，在额区服务价值所诱发的与情绪有关的 ERP 成分与服务成本所诱发的 ERP 成分存在显著差异，具体表现为服务价值的 LPP 振幅高于服务成本的 ERP 振幅。在枕区服务价值所诱发的与认知有关的 ERP 成分与服务成本所诱发的 ERP 成分存在显著差异，具体表现为服务成本所诱发的 LPC 的振幅大于服务价值所诱发的 LPC 振幅。

第 6 章，应用 ERP 实验分析产品服务系统中各要素的需求敏感度。本章在明确消费者对产品服务系统需求区别于对单一产品和服务需求的基础上，采用神经营销学的研究方法，针对产品服务系统的构成要素和类型多样的特点，解决消费者对产品服务系统的需求难以确定的问题，分析消费者对产品服务系统感知价值评估过程的神经机理。

第 7 章，基于神经营销学的产品服务系统需求分析。通过模拟消费者对在线服务的购买情境，研究消费者对服务感知价值的评估，利用事件相关电位的方法验证了消费者感知价值评估过程是基于认知和情绪共同作用的结果，揭示了服务感知价值评估的神经学基础。

第 8 章，消费者认知能力对产品服务系统购买决策的影响。消费者由于对产品和服务的购买经历和认知程度等存在差异，表现为消费者对服务价值和服务成本的认知存在较大的差异，消费者对产品服务系统的认知能力不同。通过事件相关电位的研究方法，证实了不同认知能力的消费者对产品服务系统的购买决策存在差异。

第9章，对本书研究工作进行总结，并提出神经服务科学的应用领域及研究展望与探索。

本书的创新点可以概括为：

第一，证实了消费者对产品服务要素进行评估时的情感卷入，发现产品和服务属性诱发的情绪类型存在显著差异。

第二，发现服务内容对购买决策具有显著影响，证实高情绪值服务诱发的LPP波幅比低情绪值服务诱发的更大。

第三，发现服务感知价值比服务成本更能诱发消费者的积极情绪且两者在大脑不同区域的LPC振幅存在显著差异；发现服务成本占用较多的认知资源，服务价值能诱发消费者的积极情绪。

综上，本书采用神经科学的研究范式对服务科学、管理学和消费者行为学进行研究，形成神经服务科学；揭示了消费者对产品服务组合进行评估和决策的神经机制，建立了与人有关的因素的量化评估方法；证实了消费者在产品服务组合购买过程中存在认知和情绪的交互作用，从本质上解释了服务能够提升产品服务组合竞争优势的原因。

第2章 神经服务科学的理论架构

2.1 产品服务组合的价值构成

感知价值是顾客根据感知得失对产品效用所做的总体评价。Porter 认为顾客价值是买方感知性能与购买成本的一种权衡。Zeithaml 提出顾客感知价值是在顾客付出感知成本和收获的收益进行评价后对产品的评价，并且对感知利得和感知利失包含的要素进行了界定，其中感知利得的要素包括主要的内在属性、外在属性、感知质量等，感知利失包括货币价格和非货币价格要素。Monroe 认为顾客感知价值是感知利得与感知利失的比值。Anderson 指出价值是将产品或服务所带来的收益与所花费的成本进行比较而感知的收益。Woodruff 和 Gardial 提出顾客感知价值是建立在权衡期望属性与利失属性基础上的。

消费者对产品和服务的价值认知是消费者购买的前提，也决定消费者满意的程度。消费者将对产品或服务满足自己需要的程度进行判断，将会形成一种消费者满意的心理反应。消费者的认知差异将产生不同产品或服务的评价标准，这将决定消费者的满意程度。在对产品和服务的消费者认知和满意的研究中，有学者将产品和服务的属性进行了测量，产品属性用产品工作性能、产品外观、产品耐用性、产品安全性和产品知名度 5 个属性维度表征。服务属性用服务有形性、服务可靠性、服务响应性、服务保证性和服务关怀性 5 个属性维度表征，进而比较消费者的利得和利失。

服务的价值认知也将决定消费者满意，消费者将对服务进行感知，然后与期望进行比较，当消费者的感知超过期望时，则会形成消费者满意。Zeithaml 认为，感知服务质量通过感知价值作为中介对行为意向产生影响。Arnould 通过实证研究得出，服务质量通过顾客满意对行为意向产生影响。Derbaix 研究结果表明服务创新对行为意向的影响十分显著。顾客参与影响顾客口头传播和顾客再购买,其中消费者情绪将发挥中介作用,而这种顾客参与就包括了服务的创新。服务创新与顾客行为意向的关系密切,服务质量可以决定顾客的最终行为,若服务企业能够提供优秀的服务,则会导致顾客正向的行为意向。Gohm 的研究也都证明服务创新对顾客的行为意向具有正向的影响。若公司能够持续提供的服务独特且有价值,则顾客重复购买的概率就会较大,这说明进行服务创新可增加顾客的重购概率,并提升顾客的忠诚度。这些研究解释了消费者对服务价值的认知与消费者满意之间的关系。

2.2 情绪理论

2.2.1 情绪的概念

情绪在心理学方面被定义为一种反映客观现实对人的主观意愿产生影响的一种心理活动,在认知和意识层面反映了主体对外界的态度,通常会伴随趋近或规避的生理反应。情绪影响着人类的交流、学习、认知和决策。情绪在生物社会理论中主要界定在个体遗传与评价系统等方面。在认知社会理论的框架下,情绪被界定为个体对社会环境的反应,情绪也可表现为其对外界环境的总体评价。James 指出情绪是一种当刺激被感官感知后所引起的神经系统活动,并将情绪描述为一种身体状态变化的知觉,这一情绪理论也被称为情绪的外周理论。

Cannon 的情绪理论指出情绪产生的中心是中枢神经系统的丘脑,而不是以往理论中提出的外周神经系统。当人体的感觉器官感受外界刺激后,由神经系统传到丘脑,当大脑接受来自丘脑神经冲动后,主体则会产生一种主观体验,尤其产生情绪引发的生理变化。

"情绪的评定—兴奋学说"理论对于情绪产生的中心进行了更为精确的描述,指出大脑皮层的兴奋是情绪产生的最初表现,也将指导个体的行为。该理论认为个体要对刺激进行评估,这将使不同人对同种刺激产生的情绪状态有所差异。刺激首先被感知器官感知,然后又经神经传送至丘脑,后经更换神经元后上传至大脑皮层,最终刺激将在大脑皮层上得到评估,进而形成诸如恐惧或者愤怒等态度。当态度形成后，将会被人体感觉。这一理论强调了大脑皮层对刺激的评价作用，将情绪理论由传统的感受外周反馈信息扩展到了大脑皮层评定，体现了情绪是被感受的特点，而不是传统意义的认知经验。

Kahnemna 在"顶点和结尾"定律中指出情绪的顶点和结尾时刻将决定对情绪经历的总体判断。在 Clark 的"情绪一致回忆"理论中，指出个体的评估判断一般会与情绪一致，主要是由于个体的某一特定情绪被唤起时，与情绪一致的信息通常会在记忆中优先被提取出来，个体通过这种形式规避记忆搜索。Bourne 和 Russo 提出了情绪的定义，即情感是一种包含认知和社会成分的主观生理状态，情绪是当刺激出现时被唤醒的一种积极的或者消极的生理反应。Haksever 提出这种情绪是由外界驱使的一种强烈的和不可控制的反应。Sheth 指出情绪是对行为反应和评估过程中的一种生理反应。Plutchik 提出情绪是包含认知评估、唤起神经系统、主观和行为变化的一系列反应，并且这种情绪反应的各个进程会与机体的功能对应。

Lazarus 提出情绪作为人与环境相互作用的产物，这种相互作用体现在刺激事件对人产生的影响，以及人对刺激所产生的反应。在该理论中体现了情绪与认知之间的联系，指出人们只有在对情绪进行认知的基础上才能够对刺激事件产生适当的反应。

情绪的不协调理论与信息加工理论指出人们会对外界事件刺激进行认知，进而对事件产生预期和判断，情绪由认知判断的结果决定，事件与预期判断一致时将不会产生情绪，而当刺激事件违背意愿时，则认知比较器会经过神经系统，激活大脑的神经，进而唤醒情绪，因此该理论强调情绪是伴随认知过程而产生的反映机体活动的系统工作。

对于情绪类型的划分是情绪研究中的重要分支，其中最基本的类型包括积极情绪和消极情绪，当被需求的目标被剥夺时将产生一种消极情绪，当获得需求的标时将产生积极情绪。情绪会对人的认知判断过程产生影响。积极情绪被认为是当需求被满足后所呈现的一种愉悦的主观体验，通常可以用快乐、热爱、欢喜等词汇进行表达，一般会产生对刺激肯定的判断，会使主体产生接近的倾向。消极情绪则是某种需要无法被满足时而产生的不愉悦的主观体验，一般倾向于产生对刺激否定的判断，会使主体产生规避的倾向。

2.2.2　情绪的测量

在情绪的相关研究中，情绪的测量一直是情绪理论的中心内容。学者们希望能够通过有效的方法对人们的情绪进行客观的记录和测量。情绪测量一般包括三种基本方法，即生理及心理测量、观察法和自陈式问卷。生理及心理测量主要是采用仪器来测量情绪的变化，能够获得较为客观和精密的数据。观察法通常则是研究者通过观察面部表情和言语等外显行为来判断情绪。自陈式问卷的情绪测量法是指通过被试陈述自己的主观感受和情绪状态形成自陈式报告，这种方法主观性极强。个体也可以通过对自己意识经验的陈述进行情绪测量，这是心理学中的自省法。

目前，在情绪测量的研究方法上，脑测量已经成为一种较为客观的测量方法，其中脑电图和神经影像学方法已经得到了广泛的应用。Cannon 和 Bard 的研究指出情绪的生理特点可以通过脑部进行反映。EEG 通过在头部放置电极的方法，将放大的脑细胞的生物电活动通过脑电图机标记的图形，通过一定的波形、波幅、频率和相位的图形、曲线进行表示，反映大脑皮层的神经元活动。EEG 的时间分辨率非常好，但是空间分辨率有限，一般采用大脑的具有特定功能的区域进行测量。脑电图已经被应用于研究情绪的脑机制，可以通过脑电图所显示的波形、波幅和脑区分布来反映情绪的调节机制。一般与情绪有关的脑区主要对比大脑的左右前额区域，在前额区所出现的额脑不对称现象通常是对情绪的一种反映。其中积极情绪与消极情绪的体现在大脑前额的激活区域有所不同，Tomarken 在研究中指出积极的情绪体验能够较多地激活大脑左前额区域，Davidson 在实验中通过电影诱发情绪，也证实了被试在积极情绪状态下，大脑的左前额区域会被激活。

诸如功能性磁共振成像等神经影像学技术也可以对情绪进行测量。由于假设大脑各个区域的活动由血液的流向反映，通过 fMRI 测量大脑静脉毛细血管中血液氧合状态所引起的磁共振信号的变化可以反映特定信号所引起的大脑各区域的活动。通过神经影像技术，能够对脑区回路的活动进行观测，进而对不同情绪信号所激活的脑部区域进行测量。例如，研究发现杏仁核的激活与恐惧刺激有关，或者与非预期的动机有关，Cahill 发现负面情绪可以激活杏仁核。学者们通过神经影像学的研究方法对情绪的脑功能定位提供了基础，例如在 Phan 和 Murphy 的研究中分别指出了内侧前额叶皮质和胼胝体上的前扣带区域当悲伤情绪出现时会有所反应。神经影像学研究证实了趋近的情绪状态能够激活大脑左外侧区域的活动，规避的状态能够激活大脑右半球的活动，这与 EEG 的研究结果一致。

2.3　消费者情绪与购买意愿

2.3.1　消费者情绪的诱发

消费者情绪在经济人不完全理性的假设提出之后引起了广泛的关注。消费者情绪则是在某种特定的情境下伴随着潜在动机的一种心理反应，鉴于消费者情绪对于消费者行为的影响，关于消费者情绪的诱发成了消费者情绪理论中的重要分支。消费者在传统的商场购物模式中，周围的环境和销售人员的服务态度，以及产品属性等都能够影响消费者情绪。莫拉比安-罗素模型（Mehrabian-Russell Model，M-R 模型）通过测量情绪反应，较早地应用于营销学中。在模型中对人们对物理环境的情绪反应以及其对行为产生的影响进行了测量，情绪在环境对行为的影响中发挥了中介的作用，其中环境刺激通过色彩和温度等感官变量进行衡量，对环境刺激的情绪反应通过愉悦水平（Pleasure）、激励水平（Arousal）和控制水平（Dominance）三个维度来体现，行为结果则用趋近和规避进行衡量。Lazarus 认为消费者的消费过程受主观和客观条件的影响，对于消费过程的评价有所差异，因此消费者对于同种消费事件或者消费环境将会产生不同的情绪反映。传统的情绪理论强调环境会诱发特定的情绪，这与消费者基于消费事件所做出的情绪反应有所差异，消费者情绪更多强调消费者对消费过程的认知和评价交互作用。

Kwortnik 对产品和品牌等标的所诱发的消费者情绪进行了研究，在之后的消费者情绪的研究中，学者们开始关注消费者对广告的情绪反应，以及情绪对消费者满意的中介作用。同时，情绪在消费者抱怨、服务失败以及产品属性等领域也出现了大量的研究。情绪的维度一般包括积极和消极两个维度，其他学者在研究中应用了更加系统的方式将特定情绪的维度进行了界定，也有学者专门致力于一种或几种特定情绪的研究，例如惊讶、遗憾、同情、难堪和气愤的研究。Holbrook 和 Batra 在对文献进行深入的梳理的基础上开发了情绪模型，其数据包括兴趣、唤醒和支配三个维度，呈现了情绪在消费者对广告的反应中的中介作用。Edell 和 Burke 创建了情绪模型并且指出情感在广告效果的预测上发挥重要作用，其中情绪包含积极、消极和温暖三种维度。消费者在购物过程中的情绪受客观因素的影响，包括购物环境、服务、陈设以及促销手段等都可以诱发消费情绪。产品不仅能够为消费者带来效用，消费者在关注产品的功能时仍然追求产品的情感体验，因此企业也逐步开始通过产品满足消费者的情感诉求。当消费者在购物过程中能够享受便捷的服务，则能够激励消费者购买，反之当服务过程繁杂，则会使消费者产生消极情绪。

2.3.2 消费者情绪与消费者行为

消费者情绪能够影响消费者行为，这方面研究的理论基础源于情绪对行为产生的影响。在情绪与行为关系的理论中指出人们在从事某种活动的过程中，如果是积极情绪则会促使人们持续此项活动，并且当人们处于积极的情绪状态时较容易出现正面的评价与口头推荐；当人们处于消极的情绪状态时，更容易出现中止活动的行为，并且容易出现抱怨的口头行为。伴随着技术发展和物质产品的极大丰富以及购物模式的不断创新，消费者在购物过程中更加重视追求积极的情绪体验，消费者情绪影响消费者的购买决策过程、消费者态度和消费者满意度。Yeung 在其研究中指出，传统的属性模型并没有完全指导消费者行为。Pham 采用事后问卷调查的方法，对消费者使用产品或服务的感受进行了测量，并验证了消费者对产品所诱发的情绪将直接决定消费决策。Neelamegham 在其研究中对消费的决策过程进行了分析，并指出潜意识在消费者决策中的决定性作用。Otto 提出的综合情绪模型指出，消费者的决策过程是对产品或服务的整体情绪反应，是理性和情感冲动综合作用的结果。Pham 提出了关于情绪对顾客行为产生影响的模型，在模型中情绪发挥中介作用，模型中情绪由高兴、主导和唤起三种类型组成，结论显示当环境刺激诱发高兴和唤起情绪时，将会产生使顾客产生趋近的行为，当环境刺激诱发不高兴和不唤醒的情绪时，则会使消费者产生逃避的行为。

消费者情绪也会对消费者的决策产生影响。Richins 关于消费者情绪与决策的理论指出消费者首先对消费事件进行评估，判断其与预期目标是否一致。其中按照消费者的预期与结果之间的差异，该理论将消费者的评估结果划分为结果与欲求的冲突、寻求、规避和实现四种，消费者情绪将由评价结果决定，并且影响消费者决策。Shiv 将情绪进行分类，验证了消费者在积极情绪和消极情绪状态下情绪对消费者购买行为产生的影响。当消费者处于积极情绪时更容易生成购买行为，而当消费者处于消极情绪时则容易出现规避的行为。Rang-anathan 指出处于一定情绪状态的消费者比缺乏情感投入的消费者更倾向于投资。消费者追求积极的情感体验，避免消极的情感体验。积极情绪可以被描述为一种接近的动机，而消极情绪则是一种规避的动机，情绪的这一特点被应用于消费者行为的研究中。

消费者在购买前、购买中和购买后的过程中的服务接触能够影响消费者满意水平和长期购买意图。Bolton 指出消费者在服务提供者获得积极的情感感知将促进其购买意图，并且这种来自情绪的促进作用将高于来自于对消费者满意的认知。Boulding 提出情绪是一种自然或者反应的状态，当服务传递超过预期时，消费者将会产生积极情绪和高满意度。在一般情境下和在特殊的情绪效价下，情绪能够对消费者满意产生影响，并且情绪能够直接影响行为意愿，这方面的研究解释了消费者满意与行为意愿之间的联系，以及消费者满意中的情感因素和消费者对服务质量的预期。在对消费者购物后的情绪以及购后行为的关系进行的研究中，将购物后的情感划分为积极情绪、中性情绪和消极情绪三种，购后行为则划分为抱怨、口碑传播、评价三种类型。其中积极情绪对以口碑传播和良好的评价为代表的正面的购后行为产生正面影响，而消极情绪则会产生相反的作用。

2.3.3　消费者情绪与消费者满意

关于消费者满意，大量学者从情感的角度对其进行界定，形成了消费者满意的情感评价理论。Westbrook 从情感的视角对消费者满意进行界定，该理论指出消费者满意来源于顾客的主观感受，当顾客感觉好则产生消费者满意。消费者满意是一种情绪反应，产生于消费者在消费行为过程中或者产品使用过程中的一种暂时性的情绪反应，这种情绪反应与消费者的消费经验有关。消费者可以在对产品进行描述的过程中采用情绪化的词语，这体现了消费者满意是一种情感表达，通过产品或服务带给消费者的感觉来进行评价。在消费者满意的研究中，Caruana 研究了消费者在产品消费过程中的情绪反应、完成购买决策后的情绪反应，以及不同的售后服务在主要消费过程中的关系。Cronin 将其研究扩展至消费者在对产品属性的满意上情绪所发挥的中介作用。Cronin 建立了消费情绪和满意的动态模型，回顾并预测了对服务的判断，指出了积极和消极情绪的作用。Dabholkar 明确了积极情绪和消极情绪在解释消费者满意中的重要性。

Jones 研究了服务失败和补救问题中消费者情绪的作用,其中将消极情绪划分为五种类型对被试的反应进行分析。Holbrook 和 Gardner 研究了当被试收听音乐时情绪的唤醒和持续时间与消费经历之间的关系。

在消费者满意的理论中有一部分学者从顾客的认知和情感角度对消费者满意进行定义和评估。Cohen 和 Areni 认为情绪是一种包含不同类型的心理反应过程。Oliver 等指出了情绪和情感之间的差异,认为情绪与认知的关系更为密切。Oliver 指出消费者满意是建立在关于消费经历的认知和情感的评估的基础上的,提出情绪在消费者对于购买产品的认知判断上发挥重要作用,可以用于解释消费者的消费经历。情绪作为一种心理状态主要产生于个体对事件的认知评价。Bagozzi 指出情绪能够发挥重要作用,尤其是在饭店的服务提供方面。在关于服务失败的研究中,学者指出了服务失败所诱发的情绪反应,指出了服务接触所诱发的情绪影响消费者满意。情绪能够影响消费者满意、消费者评估和信息加工处理过程。当消费者经历了服务失败所产生的情绪反应后其对组织的评价将区别于没有经历情绪反应的消费者。心理学的研究也指出情绪状态能够影响对事物的评价,尤其是当评价需要较高程度的认知判断处理过程时。这也能够解释当消费者处于一定的情绪状态下,比如正专注于一些系统复杂的判断过程中,评价的结果将区别出消费者没有经历情绪状态的条件。情绪将影响人的信息处理过程,包括信息的编排和检索,不同的状态用于处理不同的信息加工过程和评估、判断过程。当被试处于积极的情绪状态时往往更少使用自上而下的加工策略,而采用简单的启发式方法,对整体的判断和对细节的关注将少于处于消极情绪状态时。研究证实当消费者在评价服务的过程中获得一定的信心或者经验,他们对之前所经历的服务的评价将高于对新的信息的处理和评价过程。

在关于消费者满意的研究中,大量的研究在解释服务质量、消费者满意和购买意图之间的关系,研究集中于顾客满意的认知成分和感知水平的评价标准。Burnham 提出情绪是一种自然或者反应的状态,当服务传递超过预期时,消费者将会产生积极情绪和高满意度。有学者提出服务是一种较强的目标驱使的积极情绪,这种情绪则来自于服务产生的结果。由目标驱使的情绪是指消费者有意识地寻求经历,例如每年的假期、去游乐园或者观看体育赛事等。不同的消费者对于同种服务的反应也不尽相同,主要由于服务的变化性,导致不同消费者的感知服务质量和服务接触也有所不同。当消费者对某一事件的情感卷入程度较高时,消费者将会对这一刺激产生较为强烈的情感刺激,这将能够影响消费者态度。在这种情境下,消费者的情绪可以扮演成为信息来源的角色,可以对刺激进行评价和态度的形成。Butcher 也指出当消费者购买产品或服务时情绪在态度的形成和改变上扮演重要角色。从认知角度对消费者满意进行界定的学者主要认为消费者满意来自于对消费者预期和实际收益之间的比较。Westbrook 从认知的角度对消费者满意进行了界定，认为消费者满意是一种评价和比较的过程，主要是对其所获得的回报与所付出的成本之间的比较进行认知而出现的状态。Yim 指出消费者满意主要是对预期和实际服务绩效进行比较，当实际服务绩效高于预期时消费者满意增加。Lam 指出消费者满意源于消费后产生的高于消费前的预期。

2.4　服务科学与消费者认知

2.4.1　认知

认知（Cognition）是主体对外界信息通过知觉、判断或形成概念而进行的信息加工的心理过程，能够反映人对外界事物的认识过程。人们对外界信息认知的过程表现为感觉器官对外界事物感知后，由大脑完成信息的处理，形成心理活动，最终对人的行为进行指导。不同人对外界信息的认知能力有所不同，可以分为独立型认知和依存型认知，其中独立型认知是个体在对外界信息进行感知的过程中，较少受外界环境的影响，主要以自身的经验或价值观为内部线索进行判断。依存型认知的主要特点是外界环境能够影响个体对外界信息的判断。

对于影响认知的因素以及认知的加工方式，有学者指出认知系统可以由个体的态度来启动，即当外界的信息与个体当前的认知系统一致时，这种外界信息则会更容易被接受。另外一种观点是，针对不同类型的刺激，人们的认知加工方式也是不同的，即对于积极和消极刺激将会出现不对称的反应方式。在认知与决策之间的关系理论中强调决策的行为与信息加工资源有关，当决策时间短或者信息量大导致信息加工资源有限时，个体在决策时将更加倾向于愉悦的行为，情感将在决策中发挥重要作用。

2.4.2 服务价值

服务价值是顾客满意度和行为意图最有效的预测指标,能够体现顾客的认知评估过程和情绪反应,顾客对服务价值的认知先于情感反应。当客户收到更高的服务质量,他们更满意将产生更积极的行为意图,在质量产生满意、满意产生行为意向的范式中,主要集中于服务的收益方面,在成本方面包括价格、时间和精力。学者们强调服务价值的传递是获得消费者忠诚的重要战略之一。服务价值代表了创造和维持一种竞争优势的范式,需要全面地关注服务质量和消费者满意。研究者在关于服务价值的定义上基本概括为在利益和成本之间的权衡。服务价值的界定是在集成消费者同时对利益和成本感知的基础上形成的。Zeithaml 对价值的定义体现在顾客对产品效用的评估上,具体表现为顾客的收益和损失。其中服务所带来的收益包括顾客在接受服务过程中所获得的实际享受,而付出则是顾客为取得服务所花费的支出,无论是收益还是支出都包含物质和精神两个方面的内容。Monroe 指出了感知价值是顾客收益和损失之间的关系。Day 应用价值方程的机制来解释服务价值,应用利益和损失之间的差异来计算。营销人员可以通过提高生产力或者减少损失或者两者的结合来提升服务价值。许多研究指出服务成本是决定服务感知价值的关键要素,研究围绕服务价值和服务成本两个变量之间的关系,指出顾客为获得服务而付出更多的成本会减少服务价值。

学者们主要从顾客的付出和收益两方面对服务价值进行界定。由于服务无形性的特点,导致服务价值具有主观认定性的特点,服务价值也体现为顾客愿意为接受服务所支付的价格。Dabholkar 对服务价值的主观性进行了界定,顾客对服务的感知和认同将决定服务价值的大小,指出了顾客在对服务价值感知中所发挥的重要作用,决定服务价值的关键在于顾客的主观认同和满意程度。服务价值的概念也可以追溯到迈克尔·波特的价值链模型,在价值链模型中指出企业的一系列活动是价值产生的源泉,其中企业在其开展的主要活动和为保证主要活动开展而进行的支持活动的过程中,服务是保证企业活动开展的重要环节之一,因此在企业价值创造的过程中服务所带来的价值构成了价值链中的一部分。可见,服务价值是顾客获得的总价值中的重要组成部分,当产品销售附加服务时,顾客能够从与产品相关的送货、安装、维修等服务中获得价值。在服务价值链的理论中,主张顾客的满意度是决定服务价值高低的关键,服务价值是企业向顾客提供的所有服务的结合，服务价值的创造是基于顾客满意的结果。服务价值具有相对性的特点，由于顾客对服务价值感知的决定性作用，导致不同顾客对服务价值感知的程度不尽相同，并且顾客对服务价值的感知也会随着时间和环境的变化而产生差异，Caruana 提出服务价值与情境相关，具有依赖情境的特点。

关于服务价值的另一种界定方法则是学者们提出的由服务质量决定的观点。Groliroos 提出了感知服务质量的概念，这为服务价值的评估带来了新的理论指导，服务价值主要由顾客进行感知，这使服务质量成为顾客感知的焦点；并提出了对服务质量的构成以及进行评价的标准，其中服务质量可以划分为技术质量和功能质量，而感知服务质量是由顾客期望的服务与实际感知的服务之间的差异来决定。Brady 主张顾客是评价服务质量的主体，因此从顾客角度对服务质量进行评定。一方面，服务的技术质量是从服务提供者的角度对服务人员的沟通技能、服务标准、服务价格的制定、服务的政策法规等进行评定，企业可以从这些方面对服务进行优化，提高服务效率等。另一方面，服务的过程质量是从服务提供过程的角度对服务质量进行评定，由于服务的主体是服务的提供者和服务的接受者，因此过程质量是由服务提供者与顾客的共同作用决定的。在服务过程质量的衡量过程中，服务接触是关键环节，也是顾客对服务价值进行感知的重要时刻，顾客将在服务接触过程中与期望的服务质量进行对比，进而形成服务质量感知。

对于服务价值的感知学者主要集中于采用问卷的研究方法来进行测量，主要的理论涉及服务质量的界定、服务质量的维度构成以及量表开发等。Gronroos 认为感知服务质量来自于消费者通过对服务的预期和对服务的感知进行的比较，在感知服务质量模型中评价了消费者对服务预期和感知的差异。衡量服务价值能够反映企业所提供的服务满足顾客需求的程度。学者们指出了对感知服务质量的维度划分，这为服务价值的衡量提供了理论基础。Zeithaml 对服务质量进行了十个维度的划分，并经过验证和合并形成了 SERVQUAL 评价方法，这一评价方法通过服务的有形性、可靠性、响应性、保证性、移情性五个维度对消费者对服务的期望和实际感知进行了测量。关于服务质量的构成，Parasuraman 提出的五维度的评价模型从服务的准确性、服务提供者的意愿、态度以及服务实施过程中的有形设备和无形的风险等多维度对服务质量进行衡量。关于服务价值的概念和维度的构成详见表 2-1。

表 2-1　服务价值的概念

学者	服务价值的概念
Zeithaml	服务价值来自于顾客对服务收益和所付出成本的权衡
Bolton 和 Drew	利用顾客对服务的收益减去为获得服务所花费的成本来计算服务价值
Dominik 和 Georgi	服务价值由收益减去花费所得的净收益决定
David	从消费者和企业两个角度将服务价值进行界定,指出顾客对服务价值的感知与服务质量成正比,与服务成本成反比,企业对服务价值的衡量则与长期利润成正比,与经营成本成反比
Porter	从顾客的主观感受对服务价值进行界定,服务价值来源于顾客的感知和认同
Womack	指出顾客是评价服务价值的主体,采用单位价格下顾客的满足程度对服务价值进行衡量

　　服务提供者借助一些产品或者事物作为载体对服务价值进行转移,服务提供者可以为顾客提供产品或资源使用类的价值,具体表现为向顾客转让资源使用权,或者由服务提供者的劳动带来价值的产生。当顾客接受服务价值后会产生一定的状态的改变,包括某一产品或者事物的状态在接受服务后得到了改善;或者服务的接受者会因接受服务而获得一定的享受类价值,比如顾客的物理状态或精神状态得到提升。良好的服务价值的构建能够预测消费者的行为意向,增加消费者满意、品牌的偏好,增强购买意愿,减少消费者更换产品或品牌的意愿。消费者由于在购买服务之前难以对服务质量进行衡量,因此在选择更换服务的提供者时将面临风险。

2.4.3　价值认知

　　关于消费者的价值认知的理论最初源于消费者理性的假设,消费者将根据自身的认知系统以及经验对产品和服务进行认知。消费者信息处理的理论中提出消费者在决策过程中重视实用价值和效率,这是建立在消费者理性的基础上的。在理性视角下,消费者的价值认知将会着重于产品或服务所带来的收益以及花费的成本之间的关系。顾客将对产品或服务的效用进行认知,通过采用探索性因子分析对顾客的收益和付出的成本进行划分和衡量,进而指出感知价值是顾客在权衡利益和成本后的总体评价。顾客感知价值来自于顾客对产品的性能与成本的权衡。顾客感知价值是顾客在消费过程中所获得的一系列利益。顾客感知价值区别于顾客对产品价格调整的态度，是对产品质量的感知。顾客感知价值一方面取决于顾客的偏好和产品属性，另一方面来自于顾客使用后的结果与预期之间的比较和衡量。顾客感知价值可以由总顾客价值和总顾客成本之差来计算。

大量学者对顾客感知价值的定义进行了界定，并提出感知价值的获得来自于顾客对从产品和服务上所获得的收益和所付出的成本的比较。因此，在对感知价值衡量的问题上学者们对顾客所获得的收益和付出的成本的维度进行了划分。顾客感知价值的维度包括产品或服务的价格、产品或服务的质量，以及消费收益和损失。顾客价值认知的维度划分为使用价值、产品价值、拥有价值和总评价值。对顾客感知价值中包含的总价值和总成本的维度进行划分，其中总价值的来源涉及产品、服务、人员和形象等，而顾客的总成本包括货币价格、时间、经历和体力等。顾客感知价值的维度也有学者指出包括消费者对产品或服务潜在的风险这一新的维度。

关于消费者的价值认知的维度的划分还具有非理性视角的理论基础，一部分学者提出消费者对产品或服务的价值认知包含感性价值。在对消费者感知价值维度的划分中，消费者对产品或服务的感知价值除了认识价值和社会价值外还包含情感价值和情境价值。通过量表对感知价值的四个维度进行衡量，包括产品和服务能够带来的功能和质量价值，以及社会价值，但同时也包括消费者在购物过程中所获得的情感价值。其中 Bitner 提出了关于消费者在消费过程中所追求的享乐价值，并按照实用性和享乐性对消费者的价值追求进行了划分。Holbrook 提出，消费者在价值认知方面将对内在价值、自我导向和主动价值三个维度进行划分，其中在对各个维度的衡量中除了效率、卓越和地位等还包括游乐和心灵等感性要素，并指出在消费者进行价值感知的过程中更加重视情感和心理的价值追求。Kolter 指出，消费者在价值认知过程中应该考虑消费者的心理满足。Jang 提出了影响消费者价值认知的因素，从顾客参与和环境因素两个角度提出了娱乐价值和教育价值等能够吸引消费者注意的因素。在关于服务价值的认知上，Carman 通过研究对 SERVQUAL 量表提出了质疑，指出此量表并不能够广泛地应用于所有服务业，并质疑了消费者期望和感知的差异计算的合理性。Cronin 对服务质量感知模型进行了创新，提出了消费者对服务绩效的感知，更加重视消费者对服务结果的评价，在开发和使用量表时规避了对消费者期望的衡量。消费者应通过主观的角度对所接受的服务进行感知，消费者对于服务的价值感知将直接影响其购买行为。消费者将通过两个方面的信息来评价服务属性和满意度:一是对服务过程的直观感受,二是对服务提供者的情感反应。服务消费者满意是认知和情绪共同存在和评估的结果。

消费者对产品和服务的价值认知可以影响消费者行为,有意识地提高消费者价值认知则能够提升产品的竞争优势。消费者对产品、服务以及品牌良好的认知能够起到促进产品销售的作用。在对消费者决策的预测过程中,消费者的认知能力是重要的因素之一。消费者的认知能力与其自身的认知系统密切相关,因此有学者开始研究如何在产品属性的配置上根据消费者的认知系统进行配置,使消费者在对产品进行认知的过程中能够实现一种无意识的消费者态度启发,进而促进销售。企业经营的主要收益来自顾客价值,企业可以通过提升顾客对产品的感知价值来增强竞争优势。关于消费者价值认知的相关理论主要集中于对价值认知的维度划分,集中于消费者对产品或服务的功能收益、情感收益等,以及通过问卷的方式进行衡量,进而提出消费者的价值认知对消费者行为的影响,同时消费者的价值认知仍会受自身的认知系统和认知能力的影响。

2.5 认知和情绪的神经学依据

2.5.1 事件相关电位分析方法

事件相关电位是应用脑电波的变化来记录人们对特定刺激的反应的一种研究方法。人们可以通过视觉、听觉等感官感受外界刺激,外界刺激则会诱发与之相关的电位,以脑电波的形式进行呈现。在脑电图中将纵轴标记为电位,将横轴标记为时间,记录脑电波的变化。同时根据神经科学的研究来对脑电波对应的功能进行界定。由于头皮所能记录的电位值很小,在 0.1~20 微伏,需要通过同类刺激的叠加平均后去除脑电信号中的噪声。由于 ERP 的出现与刺激呈现的时间关系密切,并且 ERP 的命名也是从刺激呈现的时间开始计算,因此在对数据进行处理的过程中需将在刺激前后分别取一定的时间段进行分段,进而保证在这个时间段内的 ERP 得到放大,而头皮自发的脑电信号在叠加过程中充分减小,进而使 ERP 得以有效的呈现。在同类刺激叠加的次数上,为保证 ERP 的充分呈现和噪声的去除,一般叠加的次数应该控制在 12~60 次。

对脑电信号进行分析，通常会利用其周期或频率、波幅和相位三个指标。脑电信号的波形类似正弦波形，其中周期是指脑电信号中两个波峰或者两个波谷之间的时间，频率则是单位时间内的波峰或者波谷数。波幅是衡量脑电位强度的重要指标，在衡量时通常会先通过基线校准处理基线的漂移，进而衡量两个波谷的连线中心点到两个波谷之间的波峰的纵向距离，并且脑电位的前度越大，则波幅越大。相位可以称为波的极性，当脑电波位于基线之上称为正波，用 P（Positive）来表示，当脑电波位于基线之下则称为负波，用 N（Negative）来表示。在利用 ERP 进行研究过程中，通常还会对 ERP 波形的潜伏期进行测量，即测量刺激开始的时刻直到波峰时刻的时间跨度，并绘制脑地形图对刺激所诱发的脑电信号的脑区分布进行直观的呈现。

ERP 在心理学、神经经济学和神经营销学等领域已经存在广泛的应用，研究的领域涉及注意、感知、判断和决策等认知过程。其中一部分 ERP 的功能和诱发条件已经在心理学实验中得以证实。Zajonc 提出了情绪能够影响决策，并指出在决策过程中情绪将会被自动引发进而对信息处理和判断产生影响。这一理论在决策神经学的研究中被证实，Sanfey 在 fMRI 实验中，被试的消极情绪是与情感相关的前岛叶、与认知相关的背外侧前额叶被激活，并且证实杏仁核（Amygdala）的激活与恐惧等情绪有关，证实了在决策过程中情绪能够起到调节的作用。

在非理性经济人的观点提出后，学者们应用脑科学对情感处理和自动处理过程进行了加工，并且提出自动处理将调用大脑高级认知区域对刺激进行前期加工后传递至神经系统处理。情感过程则受外界环境、刺激类型以及情绪调节系统影响。情绪被诱发的脑机制已经在脑科学的实验中被证实，其中与情绪有关的脑区定位主要分布于前额叶皮层、扣带回皮层、下丘脑等区域，以及与杏仁核连接的神经回路，其中前额皮层、脑岛、体感皮层、扣带回皮层被认为在情感经历中扮演重要角色。

2.5.2　与情绪有关的 ERP 成分

事件相关电位也可应用于情绪的研究，可以通过情绪图片等刺激探测大脑加工和处理情绪的区域。情绪刺激的唤醒度以及刺激类型等都与诱发的脑电位相关，并能够在 ERP 成分上得以显示。学者通过应用情绪面孔刺激所诱发的事件相关电位，发现积极情绪和消极情绪所诱发的脑电波的差异和脑区分布，其中大脑的额叶和颞叶区域所诱发的脑电波存在显著差异。

与情绪有关的 ERP 成分包括早期成分和晚期成分。关于情绪的早期效应体现在刺激呈现的 100~200 毫秒的时间范围内,包括早期后叶负波,主要是在恐惧等刺激呈现 150 毫秒后出现,主要反映了大脑对消极情绪的加工。有研究显示,大脑的枕颞叶部位处理和加工情绪刺激。

Harald 等在实验中选择能够使人产生积极情绪的自然景色图片、中性图片和令人产生消极情绪的自然景色图片作为刺激材料,研究结果呈现能够使人产生愉悦和不愉悦的图片能够诱发 EPN。Tobias 也通过实验证实了积极情绪和消极情绪图片能够比中性图片诱发较大的 EPN。

与情绪有关的晚期 ERP 成分在时间进程上是从 300 毫秒开始,一般可以持续到 1000 毫秒左右,这一时间范围内的脑电位是参与情绪深度加工的主要成分。晚期正成分 LPP 是与情绪加工和处理有关的重要成分,也有研究将其命名为 LPC。LPP 的潜伏期在 300~1000 毫秒,主要反映与情绪注意相关的研究。Schupp 的研究中指出,LPP 体现了人对情绪主观评价过程中的大脑激活的机制,并且代表了大脑对情绪刺激的处理以及被情绪刺激所调用的注意资源的分配。实验结果显示,带有情绪刺激的图片,诸如面孔图片等所诱发的 LPP 的振幅将高于中性情绪图片,在脑区分布上 LPP 主要分布于额区和中央区。Langesla 等在实验中对面孔刺激进行了分类和加工,将其划分为恋人面孔、朋友面孔和陌生人面孔,并采用事件相关电位的方法将三类面孔所诱发的 LPP 振幅进行了比较,结果显示恋人面孔所诱发的 LPP 振幅高于其他面孔所诱发的波幅,反映了 LPP 能够衡量人们对于情绪刺激所卷入的程度。Eimer 在其研究中也利用了面孔刺激来诱发 LPP,将面孔刺激划分为名人、熟悉、陌生人的面孔,其中由于名人和熟悉面孔能够调用被试的情感资源,因此当被试观看名人和熟悉人的面孔时所诱发的 LPP 振幅将高于陌生面孔刺激。有学者在研究中选择母亲作为被试,将刺激面孔划分为孩子面孔、非孩子的熟悉面孔以及陌生面孔,结果显示母亲在看孩子面孔所诱发的 LPP 振幅高于其他面孔刺激,这也反应了 LPP 能够对情绪进行衡量。

P300 是潜伏期在 300 毫秒左右的正波,有时潜伏期会更长。研究显示,P300 除了与主观概率、注意、记忆、决策、相关任务等因素有关,也与情感因素有关。Johnston 的研究指出,P300 的振幅也会受所诱发刺激的突出性的影响,例如刺激的情感效价。学者通常也会采用 P3 来表示潜伏期在 300 毫秒的正波,将被试按照情绪类型进行划分,采用被试间测试,对 P3 的波幅进行了测量,结果显示情绪稳定的被试在顶区的 P3 波幅达到最大，并且波幅分布正常，而神经质高的被试没有呈现显著的 P3。Maria 在实验中将面孔刺激分为熟悉和不熟悉两类，让被试观看不同类型的面孔刺激，其中熟悉的面孔代表包含一定的情绪因素，实验结果显示熟悉的面孔能够诱发 P300，并且脑电信号振幅最大的区域分布在中央顶区，这个实验将 P300 应用于社会情感的评估，并且证实了由于名人能够集中被试的社会情感因素，因此能够较普通人诱发更大的 P300。

学者对由面孔所诱发的事件相关电位的脑区分布进行了验证，实验采用了被试间测试的方法，当被试为左右脑损伤的病人时，被试在观看名人面孔刺激时，脑电位出现异常，表明左右脑受损伤时难以对情绪进行识别和加工，同理，当被试大脑的前额出现单侧损伤时也会出现对熟悉面孔的识别异常电位，这也表明了大脑前额区对情绪的识别功能。Ohme 通过实验验证了左右脑在情绪加工处理上所发挥的识别和加工作用，通过实验分别从视野角度、偏侧性和面孔刺激三个角度来进行，证实了大脑的左前额区域在情绪加工和处理上发挥了重要作用，主要表现为熟悉面孔所代表的情绪刺激能够诱发大脑左侧前额区域的脑电波。

Junghöfer 也利用面孔刺激作为实验素材，采用事件相关电位的方法对积极情绪和消极情绪所诱发的脑区定位进行了研究，其中大脑的额叶和颞叶的右半球部位能够对情绪面孔进行识别，并且当对被试的人格进行划分后，比较神经质分数不同的被试在观看不同的图片时所诱发的脑电波差异，运用脑电图证实了人的神经质水平与大脑的右后叶激活有关。

2.5.3　与认知有关的 ERP 成分

运用事件相关电位的研究方法能够对人们的认知进行研究，并且与认知有关的 ERP 成分也已经在心理学中得到广泛的应用。

其中比较具有代表性的是 P300，P300 是 Sutton 通过采用 Oddball 实验范式，在实验中利用靶刺激的概率对注意和认知进行衡量，当靶刺激出现的概率很小时，被试在观看靶刺激时则会诱发一个潜伏期约 300 毫秒的正波，按照波的走向和潜伏期的时间的命名原则将其称为 P300。鉴于 P300 的发现，后来学者开始对刺激的类型进行扩展，例如颜色、形状和面孔等，并验证了被试在对注意刺激类别的相似性的判断中也会诱发 P300。可以通过 P300 波幅的大小来反映相似的程度。基于 P300 在一定程度上能够反映认知活动，因此在消费者行为的研究中，学者们通过采用品牌或者产品等作为实验刺激来研究分类加工和注意资源的分配。

Lutzenberger 也运用了事件相关电位的方法研究了被试在认知过程中主体受外界环境的影响，由于认知与个体主观地储存在记忆中的信息库有关，当被试对外界刺激进行认知时，人脑将会根据刺激的意义的大小对原有的信息进行修正，进而形成新的工作记忆。Ohme 提出了由于人脑中的信息通常以记忆的形式存在，当新的信息事件出现时，人脑要根据其意义做出反应，并整合到新的表征中去，在这一过程中将对原有的信息库进行修正，P300 的产生与这一过程有关。当需要对新的信息进行较大幅度的修正时，将会诱发较大的 P300 波幅。

N2 成分是能够反映大脑中认知活动的 ERP 成分，N2 主要是潜伏期为 200~350 毫秒的负波，能够对冲突产生反应，N2 振幅能够反映冲突的程度，当冲突的程度较大时 N2 振幅较大，当冲突的程度较小时 N2 的振幅则较小。在 N2 家族中按照不同的目标任务和刺激可以派生出不同的成分，主要包括 Nogo-N2、N250、N270，其中额区的 N2 成分通常被视为与失匹配的刺激有关。N2 成分能够被不同的任务诱发，并且根据不同的刺激类型分布于不同的脑区位置上。

Nogo-N2 成分的潜伏期为 200~250 毫秒，脑电位的源定位位于额叶区。如果将选择性注意 P300 的实验范式的小概率的靶刺激和大概率的非靶刺激进行互换，即要求被试对大概率的刺激进行按键，而忽略小概率的刺激会产生不同的 ERP 成分，这种实验范式被称为 Go/Nogo 任务。在这类实验中当刺激逐一呈现时，被试需要对某一类刺激进行按键反应，对另一类刺激不按键，这一过程将会涉及多个次级认知加工过程，包括刺激的辨别、反应抑制和行为监控等。Nogo-N2 主要分布于额中央区，称为 N2 的 Nogo 效应。Nogo-N2 的振幅也能够反映人们对反应抑制的加工过程，反映人们对刺激认知和辨别的程度。在进行 Go/Nogo 任务的实验过程中，当对被试做出反应的时间做出要求，对其施加时间的压力，减少其对刺激反应按键的时间，这种条件下所诱发的 Nogo-N2 的振幅高于在正常条件下的振幅。

N2 作为一种能够反映认知的 ERP 成分，其脑电位振幅主要分布在前额区、前额中央区、中央区，其中前额中央区的 N2 振幅能够达到最大。当包含有空间位置、空间频率、朝向和大小的目标刺激被视觉和听觉感知后，N2 成分能够被诱发，N2 的振幅则会反映被试占用注意资源的程度，当目标刺激所占用的注意资源较大时则会诱发较大的振幅，并且不同类型的目标刺激所诱发的 N2 振幅的脑区分布存在差异。当目标刺激为包含冲突的失匹配刺激或新异刺激时，N2 成分的振幅主要分布于大脑的前额区。当目标刺激为传达一种反应冲突和错误监测时，N2 成分的振幅主要集中分布于前额中央区，体现了 N2 成分对认知控制的反应。与视觉注意有关的目标刺激所诱发的 N2 成分则主要分布于顶区。

在实验中利用名人和非名人面孔作为刺激材料，N2 出现在刺激呈现的 200 毫秒后，N2 成分反映了与认知中记忆提取相关的成分，尤其是与长时记忆相关的成分。实验结果显示，名人面孔的振幅小于非名人面孔刺激所诱发的 N2 振幅。

第3章 产品服务组合价值构成与评估

在"中国制造2025"的背景下，服务型制造已经成为中国制造业转型的主要方向之一，企业将开始提供不同类型的产品服务系统，其中在以产品为导向的产品服务系统中企业可以在产品生产的基础上提供支持产品使用的相关服务。伴随数字经济的发展，互联网时代的购物模式发展迅速，O2O（Online to Offline）线上网店到线下消费的电子商务模式为消费者选购产品和服务提供了新的实现方式。互联网销售平台已经能够为消费者提供产品服务组合，消费者可以如同选择产品属性一样选择与产品相关的服务内容，并且APP购物的兴起也使大量的服务提供者开始向消费者提供服务。企业开始关注顾客活动，服务设计的内容更加宽泛，旨在为顾客提供更大的潜在价值。企业应采用方法了解客户需求，建立产品与客户之间的联系，进行产品与服务的融合，了解客户在接受服务时的表现以及前期和后期的行为，寻找为顾客提供价值的机会。在这种新兴的购物模式下研究消费者对服务感知价值的神经基础具有重要的理论意义和现实意义。消费者对产品和服务感知价值的认知在消费者行为中发挥重大作用，直接指导消费者购买决策。目前，网络购物平台已经开始向消费者提供产品服务组合的销售，服务能够提高产品的竞争力，增强顾客的满意度，但是服务种类多样，服务的竞争力根源以及消费者对服务的感知价值如何衡量一直缺乏研究。在网络购物过程中，消费者缺乏对产品和服务的触觉感知，但是网站所提供的产品和服务的信息能够激发消费者的联想，诱发消费者情绪，刺激消费者的购买欲望和消费冲动。同时，关于在线购物体验的研究中，学者们分析了网站的便利性和关系服务对顾客情感的影响，以及顾客情感与购买意愿之间的关系，证实了情绪在网络购物决策中也将发挥一定作用。

3.1　服务科学与产品服务系统价值构成

　　服务科学是在电子商务和管理学的发展中集多学科高度融合而形成的全新的科学领域，服务消费行为也是服务科学中的研究对象，成功的现代服务营销是那些有效地开发对消费者有价值的服务，并运用富有吸引力和说服力的方法，将现代服务成功地呈现给消费者的企业和个人。消费者可以通过对服务过程的直观感受和对服务提供者的情感反应来评价服务属性和满意度，服务的消费者满意是认知和情绪共同存在和评估的结果。目前关于消费者对现代服务需求的形成及其发展规律，以及购买现代服务的行为和心理活动的研究尚处于初级阶段，尤其是在脑科学的关于人类认知和心理的研究已经成为当代最新的研究领域之一的背景下，有关消费者对服务的价值认知和情感卷入的研究尚处于空白阶段。服务的本质对象是人，在服务提供者设计服务的过程中如何为顾客创造惊喜和产生兴奋，成为了其追求服务质量和消费者满意的指标之一。服务的无形性导致消费者对其的感知存在较大差异，这使服务的定制和精准服务的提供一直是企业的难点。情感是服务接触的输入端和输出端，如果能够掌握消费者对服务价值的认知和评估过程，以及对服务所带来的情感卷入进行分析，则能够有效地指导企业提供新服务，为实现服务的定制创造条件。服务价值往往取决于顾客主观的感知和认同，由于在产品服务组合中服务的提供将依附于产品，不同类型的产品服务组合中产品的所有权是否发生转移也不尽相同，关于感知价值的研究多集中于单一产品和服务的研究，而对于产品服务组合中服务感知价值的研究则很少出现。消费者不仅需求多样，其对服务价值的认知和情感卷入也存在极大的差异，由于消费者本身成为了研究的中心，导致与之有关的变量难以量化研究，因此亟须采用脑科学的方法对消费者的认知和情绪进行客观量化的研究。

3.2 产品服务系统感知价值评估的神经学基础

3.2.1 产品服务系统的感知价值

产品服务系统（PSS）是指由产品和服务组成的系统，形成具有竞争优势的支持结构，满足消费者的需求，同时降低传统商业模式对环境的影响，目前产品服务系统已经成为制造业服务化最为重要的商业模式之一。PSS 实质上就是为消费者提供一种产品与服务的组合，提供非物质化的产品和服务的解决方案。Tukker 将产品服务系统进行了分类，划分为以产品为导向的产品服务系统、以应用为导向的产品服务系统和以结果为导向的产品服务系统。以产品为导向的服务系统是提供产品同时附加额外的服务，用户接受产品的同时使用企业提供的服务，例如维修和安装等。以应用为导向的产品服务系统是产品功能同附加的服务一起销售给消费者，也可以表现为企业保留产品的所有权，只销售产品的功能，例如租赁服务。面向结果的产品服务系统是向用户销售具体的结果和功能，产品的所有权归企业，用销售具体的能力取代产品，例如用销售零件替代制造设备、用销售洗衣服务替代销售洗衣机。制造企业进行服务化转型的初级阶段实施的模式一般表现为以产品为导向的服务化模式。在这种模式中制造企业可以在产品生产的基础上提供支持产品使用的相关服务，企业仍以产品生产为主，产品的所有权归顾客所有，企业提供附加服务的设计，例如比较常见的安装和维修。在以产品为导向的产品服务组合中，可以依据产品的不同类型提供不同的服务。在产品的生命周期各阶段提供可维护性的设计，主要适用于可维修的产品，服务化的模式包括产品维修的设计、战略、控制、结果评估，以及产品可维护性改进和执行等。产品导向模式更加关注对产品的支持，不仅包括维修和修护，还包括安装、培训、零部件和辅助产品的提供，客户咨询和质量保证计划。制造业服务化的高级阶段提供以服务为导向的产品服务组合，产品成为提供服务的载体，企业实现制造商向服务商的转变，服务成为企业的主导，产品的目的是支持服务。学者们已经对产品或者服务的感知价值进行了比较系统的研究，但是将产品服务组合中的服务作为研究对象并评估其感知价值的研究则很少出现。

关于服务感知价值，学者们提出的评价标准一方面包括衡量消费者对服务质量的期望收益和实际收益，比较两者之间的差异，另一方面是从消费者主观的认知和情绪等态度对服务价值进行感知和评价。影响服务感知价值的因素很多，包括服务提供者的素质、服务的便利性以及服务的可靠性等，而消费者对服务的预期也由于经验和认知水平等存在较大差异，因此通过比较消费者对服务质量预期和实际收益的方法来评价服务感知价值具有一定的局限性。在对消费者感知价值维度的划分中，学者提出产品和服务能够带来功能和质量价值，以及社会价值，但同时也包括消费者在购物过程中所获得的情感价值。服务价值是预测顾客满意度和行为意图最有效的预测指标，能够体现顾客的认知评估过程和情绪反应，顾客对服务价值的认知先于情感反应。当客户收到更高的服务质量，他们更满意将产生更积极的行为意图，在质量产生满意、满意产生行为意向的范式中，主要集中于服务的收益方面，在成本方面包括价格、时间和精力。学者们强调服务价值的传递是获得消费者忠诚的重要战略之一。服务价值代表了创造和维持一种竞争优势的范式，需要全面地关注服务质量和消费者满意。研究者在关于服务价值的定义上基本概括为消费者在利益和成本之间的权衡。Zeithaml 对价值的定义体现在顾客对产品效用的评估上，具体表现为顾客的收益和损失。服务所带来的收益包括顾客在接受服务过程中所获得的实际享受，而付出则是顾客为取得服务所花费的支出，无论是收益还是支出都包含物质和精神两个方面的内容。感知价值能够反映顾客收益和损失之间的关系。应用价值方程的机制来解释服务价值，应用利益和损失之间的差异来计算。营销人员可以通过提高生产力或者减少损失或者两者的结合来提升服务价值。学者们研究指出，服务成本是决定服务感知价值的关键要素，研究围绕服务价值和服务成本两个变量之间的关系，指出顾客为获得服务而付出更多的成本，则会减少服务价值，并对顾客感知价值中包含的总价值和总成本的维度进行了划分，其中总价值的来源涉及产品、服务、人员和形象等，而顾客的总成本包括货币价格、时间、经历和体力等。消费者在线购买服务的过程中，服务感知价值与消费者情绪和认知密切相关，而又由于传统的关于感知价值的研究难以进行客观和量化的评估，因此客观衡量和评估消费者的服务感知价值对于研究消费者决策具有重要意义。

3.2.2 认知神经学的应用进展

伴随着神经影像技术的发展，以及情绪与认知的理论的研究进展，关于情绪与认知相互影响的关系已经不断被证实，同时情绪与认知的脑区定位也不断得以验证。与情绪有关的脑区包括腹内侧前额叶皮层（Ventral Medial Profrontal Cortex，VMPFC）、伏核以及前扣带回、眶额皮层、杏仁核、下丘脑等，扩展的情绪脑区包括脑干、海马、腹侧被盖区，以及前脑岛、前额叶、颞叶前部、后扣带回、颞上沟，这些脑区同时也负责与诸如认知活动的连接和整合，体现情绪对认知的影响。同时诸如前额叶、前额叶眶回、杏仁核等也负责加工处理关于注意、记忆和执行控制等基础的认知活动，说明个体的情绪状态将通过脑区之间的神经连接影响认知活动。前额叶对信息的保持和处理发挥重要作用，并且其外侧皮层也负责执行控制。情绪与认知的关系能够通过对大脑皮层的作用得以呈现，个体对不同事物的情绪和认知会有所差异，使消费者在处理产品或服务信息过程中认知和情绪的相互作用难以验证。

目前，神经营销学已经应用在品牌理论和消费行为等领域，应用脑科学探寻潜意识中的需求，解释消费者行为的心理机制和神经机制。脑成像技术和功能性核磁共振的应用促进了脑区功能的界定，例如前额叶皮层与注意和情感的调度有关，枕叶是大脑的视觉中心，与认知资源的调节有关，位于颞叶的海马体与记忆有关等。当人们接受正性刺激时，诸如奖励、食物、风景等能够激活腹内侧前额叶皮层的活动。例如在著名的可乐的脑成像实验研究中，品牌与味觉相比能够激活更高级的认知区域。在关于汽车品牌的实验中发现，名牌汽车商标能够刺激被试的大脑内侧前额叶皮质（Medial Prefrontal Cortex，MPFC）的神经元的活动，这反映了神经营销学在消费者认知上的应用。前扣带皮层（Anterior Cingulate Cortex，ACC）则与高级认知和情绪加工有关。

关于情绪的早期理论提出，情绪是一种当刺激被感官感知后所引起的神经系统活动，并将情绪描述为一种身体状态变化的知觉，这一情绪理论也被称为情绪的外周理论。Cannon 的情绪理论指出，情绪产生的中心是中枢神经系统的丘脑，而不是以往理论中提出的外周神经系统。当人体的感觉器官感受外界刺激后，由神经系统传到丘脑，当大脑接受来自丘脑发出的神经冲动后，主体则会产生一种主观体验，尤其产生情绪引发的生理变化。"情绪的评定—兴奋学说"理论对于情绪产生的中心进行了更为精确的描述，指出大脑皮层的兴奋是情绪产生的最初表现，也将指导个体的行为。该理论认为个体要对刺激进行评估，这将使不同人对同种刺激产生的情绪状态有所差异。刺激首先被感知器官感知，然后又通过神经传送至丘脑，后经更换神经元后上传至大脑皮层，最终刺激将在大脑皮层上得到评估，进而形成诸如恐惧或者愤怒等态度。当态度形成后，将会被人体感觉。这一理论强调了大脑皮层对刺激的评价作用，将情绪理论由传统的感受外周反馈信息扩展到了大脑皮层评定，体现了情绪是被感受的特点，而不是传统意义的认知经验。Plutchik 提出情绪是包含认知评估、唤起神经系统、主观和行为变化的一系列反应，并且这种情绪反应的各个进程会与机体的功能对应。Lazarus 提出情绪作为人与环境相互作用的产物，这种相互作用体现在刺激事件对人产生的影响，以及人对刺激所产生的反应。在该理论中体现了情绪与认知之间的联系，指出人们只有在对情绪进行认知的基础上才能够对刺激事件产生适当的反应。

认知和情绪之间是相互影响、相互作用的，分别有大量学者研究情绪对注意和记忆等认知的影响，也存在大量研究证实认知对情绪的影响。具体表现为情绪状态会影响注意加工，同时注意等认知加工也对情绪产生影响。关于注意选择的效率的研究显示，注意选择发生后将对视觉刺激的情绪评价产生影响，即认知加工将会参与情绪的加工处理，体现了认知和情绪的相互作用。另外，选择情绪图片刺激研究情绪与记忆的研究中发现，当被试伴有积极和消极情感效价时将具有较高的注意和控制能力，情绪能够影响信息加工过程。积极情感效价能够使选择性注意发生改变，Pessoa 指出了情绪影响认知的原因，当情感信息被感知后，则会诱发大脑中与奖赏相关的加工过程，也可能会将信息传递至与调节和控制有关的神经结构，这也将解释情绪将会影响工作记忆任务的绩效，尤其是当出现兴高采烈、焦虑和渴望等状态时，大脑将减少工作记忆的加工容量，影响决策等高级认知能力。在神经营销学的相关研究中已经证实消费者对产品属性的评估过程中将诱发枕区与认知有关的 ERP 成分，与产品相关的服务能够诱发消费者的积极情绪，并且服务的情感效价能够通过 LPP 的振幅得以反映，基于以上研究，消费者对服务感知价值的评估将是消费者认知情绪共同作用的结果。由于积极情绪将削弱消费者注意资源的分配，服务又将诱发积极情绪，消费者在对服务感知价值的评估过程中，当积极的情感效价较大时，认知资源的分配将会被削弱。

3.3 事件相关电位与感知价值评估

应用事件相关电位的研究方法,模拟网络购物环境实现被试对产品与服务组合的购买,分析消费者对产品服务组合中服务价值感知的神经学基础。在本书中选择面向结果和应用的产品服务组合形式,由于这种产品服务组合正处于新兴的发展阶段,消费者对其的认知也存在较大的差异,分析消费者对于这种产品服务组合进行购买决策时的认知和情绪的交互作用,对于研究和设计新的产品服务组合具有重要的现实意义。本章将利用与认知枕区和与情绪有关的额区和额区及中央联合区的 ERP 成分,提出消费者对服务感知价值评估的神经基础。心理学和神经科学关于认知和情绪的研究能够为消费者感知价值的评估机制提供理论基础,基于消费者决策是源于认知和情绪共同作用的结果,在消费者对产品和服务感知价值相关研究的基础上,分析消费者对在线购买产品服务组合的认知。由于消费者对感知价值的评价主要来自于价值和成本的差异,采用事件相关电位的方法能够衡量消费者对不同感知价值服务的认知差异和情感效价,提出消费者的购买决策存在认知和情绪的共同作用的神经学基础。利用神经科学的研究方法,一方面能够客观衡量对消费者面对服务所获得的收益和付出的成本,利用与情绪和认知有关的 ERP 成分解释消费者对服务感知价值的评估过程;另一方面通过分析消费者对新兴产品服务组合的认知能够指导企业的服务创新和服务设计。本书通过采用与认知和情绪有关的 ERP 成分分析产品服务组合中的服务价值和服务成本,评估消费者对服务的感知价值,探寻并解释消费者对不同产品服务组合购买时的认知和情绪共同作用的机制,为研究消费者对产品服务组合的感知价值提供了心理和神经机制,有助于企业采用有效的服务营销方法提升消费者的认知能力,促进销售。

在心理学和消费者行为的相关研究中,P3 家族波会根据潜伏期和脑区的分布细分为几种不同的成分,P3 家族波能够根据其子成分诱发的区域反映人们的认知和情感加工处理过程,反映人们面对刺激时的心理过程和神经机制,其中 LPC 或者 LPP 也有研究显示其属于 P3 家族波,即在 250~500 毫秒后出现的正慢波。当潜伏期更长时,LPP 则区别于 P3。关于 LPP 的最新研究显示,LPP 可以划分为两个子成分,中央区的 LPP 由具有显著影响效应的刺激诱发,枕区的

LPP 则主要与努力和控制过程有关。这反映了认知和情感的处理过程，LPP 能够根据其被诱发的脑区定位对认知和情感处理过程加以区分。LPP 在加工处理情感和非情感刺激时都会调用大脑中的认知资源，即情感处理过程也将同时伴随认知处理过程，但是 LPP 的效价将会存在差异，LPP 可以反映认知需求和情感内容。大量认为 LPP 与情绪加工处理有关的研究显示，LPP 成分在时间进程上是从 300 毫秒开始，一般可以持续到 1000 毫秒左右，这一时间范围内的脑电位是参与情绪深度加工的主要成分。学者的研究中指出了 LPP 体现了人对情绪主观评价过程中的大脑激活的机制，并且代表了大脑对情绪刺激的处理以及被情绪刺激所调用的注意资源的分配。实验结果显示，带有情绪刺激的图片诸如面孔图片等，所诱发的 LPP 的振幅将高于中性情绪图片，在脑区分布上 LPP 主要分布于额区和中央区。在对面孔刺激进行了分类和加工的实验中，将其划分为恋人面孔、朋友面孔和陌生人面孔，并采用事件相关电位的方法将三类面孔所诱发的 LPP 振幅进行了比较，结果显示恋人面孔所诱发的 LPP 振幅高于其他面孔所诱发的波幅，反映了 LPP 能够衡量人们对于情绪刺激所卷入的程度。LPP 也与认知处理过程有关，在与情感刺激任务相关的实验中，当被试要求记忆更多的字母时，LPP 振幅伴随着大脑认知过程的处理而减弱。当被试直接要求接受一部分难以引起注意的令人反感的图片时，LPP 也将会减弱，说明 LPP 也能够参与加工处理早期的认知过程。情绪化的刺激所诱发的 LPP 被认为是较为灵活和复杂的处理过程，而作为必要的认知过程将会早于情感的处理过程。在关于 LPP 的最新研究中显示，LPP 可以划分为两个子成分，中央区的 LPP 由具有显著影响效应的刺激诱发，枕区的 LPP 则主要与努力和控制过程有关，可见 LPP 反映了认知和情感的处理过程，可以根据其被诱发的脑区定位对认知和情感处理过程加以区分。LPP 在加工处理情感和非情感刺激时都会调用大脑中的认知资源，即情感处理过程也将同时伴随认知处理过程，但是 LPP 的效价将会存在差异，LPP 可以反映认知需求和情感内容。LPP 在本质上属于 P3 家族，其中应用最为广泛的 P300 与注意、辨认、决策、记忆、情感等重要功能有关。大量关于 P300 的研究证实了它与认知神经活动有关，其中振幅反映了注意资源的分配，被试对刺激分类的时间则通过潜伏期表现。

3.4 产品服务组合感知价值评估的脑电实验方法

由于产品服务系统按照产品与服务结合的程度可以划分为不同的种类,不同的产品服务组合中服务所发挥的作用和地位有所不同,体现了产品服务化的过程。在产品与服务不断融合的过程中,产品服务组合由企业向顾客提供产品服务包,不断向客户提供基于物品的服务或功能,最终将演化成物品成为企业提供服务的载体,进而服务成为销售主体的过程。消费者由于教育背景、经验和阅历的不同,将会对不同的产品服务组合的认知产生差异。由于服务的感知价值存在差异,使消费者在面对不同服务的收益和所付出的成本时大脑的认知和情绪加工处理会存在显著差异,比较消费者在不同感知价值的情况下,大脑的认知和情绪加工的神经机理,有助于企业合理选择消费者学习或者广告宣传等方式提升消费者的认知能力或者增强消费者对服务的情感卷入。

3.4.1 感知价值测量的实验方法

服务的感知价值是消费者对收益和成本权衡的结果,一般可以选择服务化程度较高的面向结果和面向应用的产品服务组合。实验中可分别用服务价值和服务成本来代表消费者的收益和成本,对消费者服务感知价值进行衡量。应用神经科学中处理奖赏和惩罚所激活的不同脑区,将感知价值作为自变量,以ERP的振幅为因变量,结合认知和情绪的脑区功能定位分析消费者在购买决策过程中对服务感知价值的评估机理。如采用服务感知价值单因素实验设计,服务内容是被试内变量,实验的自变量为服务的感知价值,按照感知价值可以划分为顾客收益和顾客成本两个维度,通过问卷调查测量服务感知价值,将自变量划分为高、低感知价值两个水平,因变量为被试观看服务内容刺激的 LPP 振幅电极位置。

脑电信号数据采集前,被试将填写问卷,问卷的内容是测量实验中被试对服务的感知价值。问卷中列出的服务名称与实验所使用的刺激完全相同。根据Zeithaml 等关于感知价值的量表,本书按照感知价值包含收益和风险的划分,选择对服务质量、购买成本和感知风险进行测量,服务的收益包括服务质量,服务的成本包含购买服务所花费的时间和金钱，以及风险感知等。

在实验指导语中介绍了被试需要完成的任务，即通过浏览服务内容做出是否购买的决策，并且提示被试尽快做出决策，如果选择购买按 F 键，不购买则按 J 键。在正式数据采集前，每位被试均进行了 5 次练习，练习后每位被试都独立进行了 144 次测试。实验的刺激呈现运用 E-prime2.0 软件进行编程，运用 Net Station4.3.1 脑电记录分析系统记录和分析 EEG 数据。被试将佩戴 64 导电极帽，参考电极为 Cz 点，采样频率为 500Hz。E-prime 软件将记录被试的行为数据，包括被试的反应时间和输入的数值等。采集的 EEG 数据将通过滤波，分段，剔除伪迹，基线校正，总平均叠加，最终得到两种条件下的 ERP。采用无相移数字滤波的模式，将 EEG 数据进行了低通 35Hz 的数字滤波。

根据对服务划分的标记，将 EEG 进行分段，分为高感知价值服务和低感知价值服务。被试伴有眨眼（$\pm 140\mu V$）和眼动（$\pm 55\mu V$）等伪迹的数据被剔除。最终按照分段的数据分别进行平均叠加，得到两种条件下的 ERP，并参考刺激出现前 200 毫秒的脑电波形进行基线校正。对于不同条件下 ERP 振幅的比较将采用组内单因素重复方差检测的方法。方差分析的因素包括实验条件（高感知价值服务和低感知价值服务）和电极位置（Pz、POz、Oz、P1、P2、PO2、PO4、O1、O2 和 AF3、AFz、F3、F1、Fz、FC3、FC1、FCz）。

3.4.2　EEG 记录与数据处理

实验的刺激呈现运用 E-prime2.0 软件进行编程，运用 Net Station4.3.1 脑电记录分析系统记录和分析 EEG 数据。实验被试在进行购买决策时，运用美国 EGI 公司的脑电设备对脑电信号进行数据采集，被试将佩戴 64 导电极帽，按照国际 10-20 系统来放置电极，参考电极为 Cz 点，采样频率为 500Hz。电极帽与 Net Amps 300 放大器相连接，采样频率为 500Hz。对脑电波采用无相移数字滤波模式，滤波器为有限冲激响应数字滤波器，滤波带通为 0.03～100Hz。E-prime 软件将记录的被试的行为数据，包括被试的反应时间和输入的数值等。采集的 EEG 数据将通过滤波、分段、剔除伪迹、基线校正、总平均叠加，最终得到两种条件下的 ERP。对数据采用无相移数字滤波的模式，将 EEG 数据进行了低通 30Hz 的数字滤波。实验刺激通过 E-prime2.0 软件呈现，该软件能够记录被试的反应时和购买决策等行为数据。E-prime2.0 软件与 Net Station 软件连接后，被试在观看实验刺激时的脑电数据则会由 Net Station 记录。脑电信号数据采集成功后，将利用 Net Station 4.3.1 对 EEG 数据进行处理，并以获得最终的事件相关电位为目的。

数据的处理过程按照 ERP 的处理程序和原则，先对数据进行滤波，然后根据刺激类型进行分段，本实验中按照高感知价值服务和低感知价值服务刺激进行分段。根据对高感知价值服务和低感知价值服务划分的标记，将 EEG 进行分段，分为高感知价值服务和低感知价值服务两段，截取刺激发生前 200 毫秒，刺激后取 800 毫秒。其中被试伴有眨眼（$\pm140\mu V$）和眼动（$\pm55\mu V$）等伪迹的数据被剔除。最终按照分段的数据分别进行叠加平均，得到高感知价值服务刺激和低感知价值服务刺激条件下的 ERP，并参考刺激出现前 200 毫秒的脑电波形进行基线校正。例如，实验条件（高感知价值服务和低感知价值服务）和电极位置（Pz、POz、Oz、P1、P2、PO2、PO4、O1、O2），以及实验条件（高感知价值服务和低感知价值服务）和电极位置（AF3、AFz、F3、F1、Fz、FC3、FC1、FCz）。

3.5 神经服务科学的数据分析方法

产品服务组合的价值认知取决于其中产品和服务要素的综合作用，而由于服务的多样性，直接影响产品服务组合的形式和整体价值。根据产品服务组合中服务化的程度，本书将产品服务组合划分为两类：一是以产品为主体的产品服务组合，其特点是当消费者对产品服务组合支付完成后，消费者将拥有产品的所有权，同时享受与产品相关的服务，例如安装、维修、运输、维护和升级等。二是以服务为主体的产品服务组合，产品成为提供服务的载体，消费者完成支付后不拥有产品的所有权，享有产品的使用权或者产品提供的具体功能，在这种产品服务组合中服务成为了主导，产品的目的是支持服务。产品服务组合的感知价值是消费者在获取产品服务组合过程中所能感知的利益与所付出的成本进行比较后的对产品服务组合的总体评价。价值也将取决于消费者的感知和认同，例如，低感知价值服务在顶区和枕区所诱发的 LPP 振幅高于高感知价值服务，低感知价值服务将占用消费者更多的认知资源。产品服务组合中的高感知价值服务需要消费者调用认知资源进行信息加工和处理才能感受其服务价值，也会占用认知资源，但是由于高感知价值服务能够诱发消费者的积极情绪，因此在额区和中央区所诱发的 LPP 振幅高于低感知价值服务。研究显示当人们处于积极的情绪状态下，人们对整体的判断将会减少注意，形成简单的启发式，这也说明了当被试观看高感知价值服务刺激时由于能够诱发积极情绪，所以占用了较少的顶区和枕区的注意和认知资源。消费者对产品服务组合价值认知的来源包括对产品服务组合所创造的价值以及为其所付出的成本的感知，总体上表现为产品服务组合在消费者总效用上的改善程度。消费者的积极情绪的诱发会影响消费者对感知价值的认知。不同的产品服务组合服务化的程度有所不同，因此服务价值的感知是产品服务组合价值认知的关键因素，产品服务组合包含不同的形式，服务化的程度存在差异，消费者的认知以及购买行为也将有所不同。

　　LPP 的出现与认知有关，可以在脑区的分布上进行界定。在脑区功能定位的相关研究中，Matsuda 的研究表明，与认知有关的晚期正成分或正慢波主要分布于枕区，与情绪有关的晚期正成分或正慢波主要分布于中央区和顶区。可见，消费者对于服务刺激在枕区所诱发的 LPP 的差异源于消费者对服务成本认知的差异，在额区所诱发的 LPP 则源于服务价值对于消费者情绪的诱发。消费者购买决策过程的起点是需求认知，认知需求产生于感觉与实际之间的差距，通过购买决策来解决这一问题，这种需求可以来自于内在的心理活动，也可能来自于外在的刺激。消费者对需求的认知是购买的前提，即消费者的现实状态。消费者的需求认知是进行购买行为的前提，当消费者对期望的状态与现实状态之间形成差异时则会产生需求认知。只要实际或者期望状态中的任何一个发生变化，并且达到足够的程度就会产生需求认知。消费者的需求认知本质上来源于消费者自身的感知，但是企业可以通过有效的营销手段影响甚至创造消费者的需求。当消费者的认知需求产生后，消费者将会进行信息搜寻，对有关信息进行分析和评估，进而实施购买决策。介入程度是决定消费者采取何种决策过程类型的关键因素。介入是指由某种特定情境刺激所触发的对个人利益和重要性的可感知的相关程度。无论介入程度如何，消费者总是设法使购买和使用产品的风险最小化而利益最大化。介入程度的高低取决于消费者感知的产品或服务的重要程度。简而言之，产品或服务对消费者越重要，就越会激励消费者进行广泛的信息搜寻和更深的介入决策过程。当消费者的内在个性特质如需求、价值观和自我概念在某种情况下遇到适当的营销刺激时，就会产生可感知的介入。通过 ERP 的研究能够探寻大脑的信息加工处理过程，进而解释认知过程对潜意识的启动影响购买决策的问题。

认知是主体在一种特定情境下，在感知判断外界对象的基础上进行信息加工的一种心理活动过程，表现为知觉、感觉、记忆、思维、想象和语言等，是人脑在接受外界信息后，经过大脑的加工处理，进而转换成内在的心理活动，从而支配人的行为，这个过程就是信息加工的过程。消费者购买决策过程的起点是需求认知，认知需求产生于感觉与实际之间的差距，通过购买决策来解决这一问题，这种需求可能来自于内在的心理活动，也可能来自于外在的刺激。在认知需求后，消费者将会进行信息搜寻，对有关信息进行分析和评估，进而实施购买决策。消费者购买产品服务组合需要获得一定的价值，取得效用的同时支付相应的成本。消费者先对产品属性和服务的内容进行感知，在这个过程中产品属性和服务内容的价值感知相互作用和相互影响，同时对获得产品服务组合收益的同时所付出的成本或者损失进行评价，最终形成对产品服务组合的价值认知。最后，消费者对产品服务组合的感知利得与感知成本进行比较，形成产品服务组合的顾客感知价值。消费者在网络购物过程中对产品服务组合的认知是在浏览产品服务组合信息之后，经过大脑的信息加工处理，进而支配消费者行为的一种心理活动。研究表明，LPP 与刺激的重要性、态度评估、注意、记忆、情绪等因素有关，通过 ERP 的研究能够探寻大脑的信息加工处理过程，进而解释认知过程对潜意识的启动影响购买决策的问题。本书为感知价值的评估提供的新的方法，有助于客观地衡量消费者对服务价值和成本的介入程度。产品服务组合的内容和形式存在极大的发展空间，尤其在网络购物的时代，服务将会成为下一轮经济浪潮竞争的热点，通过对产品服务组合价值认知的研究，分析消费者进行购买决策过程中认知和情绪的共同作用，能够探寻消费者的服务价值感知对购买行为的影响，为产品种类的选择以及服务设计提供现实的指导意义。

通过模拟消费者对在线服务的购买情境，研究消费者对服务感知价值的评估，利用事件相关电位的方法验证了消费者感知价值评估过程是基于认知和情绪共同作用的结果，揭示了服务感知价值评估的神经学基础。LPP 能够根据其被诱发的脑区定位对认知和情感处理过程加以区分。LPP 在加工处理情感和非情感刺激时都会调用大脑中的认知资源，即情感处理过程也将同时伴随认知处理过程，利用与认知有关的顶区、枕区和与情绪有关的额区和额区及中央联合区的 LPP 成分，综合分析消费者对产品服务组合。研究显示低感知价值服务在顶区和枕区所诱发的 LPP 振幅高于高感知价值服务，低感知价值服务将占用消费者更多的认知资源；而在额区和中央区高感知价值服务所诱发的 LPP 振幅高于低感知服务，高感知价值服务能够诱发消费者的积极情绪。消费者对服务感知价值的评估是对服务价值和服务成本的权衡，该结果解释了这一评估过程中消费者认知和情绪的共同作用。由于高感知价值服务所诱发的与情绪有关的LPP 成分，进一步验证了情绪要素在决定服务感知价值过程中所发挥的重要作用，为研究消费者对服务的感知价值提供了心理和神经学基础。

3.6　神经服务科学的应用价值与前景

以传统的服务价值理论和消费者情绪理论为出发点，采用脑科学的研究范式为消费者行为、服务科学、管理学的研究提供了新的方法论，在一定程度上摆脱了传统问卷研究主观性较强的桎梏，实现了心理学、神经营销学、管理学和服务科学的交叉应用，极大地拓展了管理科学和服务科学的研究空间，具有较强的理论指导意义。关于神经营销学和神经管理学的应用多集中在决策研究层面，研究依托产品服务组合的平台和服务价值的感知，将这种多学科的研究方法应用于研究消费者的认知、情绪以及认知和情绪的交互作用，能够系统地解释消费者在购物过程中从需求认知到决策购买过程中的心理和神经机制问题。基于脑科学的关于人类认知和心理的研究已经成为当代最新的研究领域之一，研究焦点开始转向人的因素，重视人的认知和情绪以及其对行为影响的研究。无论是在以顾客需求为导向的生产模式背景下，还是从企业管理激励员工的角度，如何发挥人的主动性即主观动机即将成为管理学领域的新理念，这就需要从脑科学、心理和神经机制对传统的研究方法进行补充或者重新验证，将对消费者行为和决策神经科学两个研究领域形成有益的补充。关于产品服务系统和消费者情绪的研究虽然是多年来各领域学者关注的热点，但是以消费者情绪为切入点，应用神经学的研究方法，以产品服务系统为研究对象，揭示消费者对产品服务组合购买过程中的情绪诱发对购买决策的影响的研究仍处于空白的阶段。同时，大量研究对于消费者的价值认知和情感卷入的研究多集中在变量之间的关系及问卷测量层面，并没有揭示消费者在面对产品服务组合进行决策的神经层面的机制。通过模拟消费者的购物情境，采用分析情绪有关的事件相关电位成分的方法，能够有效地反映消费者的评估和决策过程，同时利用实验中的消费者行为数据，为解释消费者行为提供了神经学依据。

　　服务科学围绕着服务质量等实质性内容,但同时人的因素起着至关重要的作用,在兼顾科学性的同时要求其采用量化的研究方法对人的行为和心理进行测量。学者们能够在服务与产品存在差异上达成共识,但仍有大多数的研究利用产品设计和质量感知的相关方法来研究服务管理,在诸多方向尚未形成体现服务本质特征的理论体系和研究范式。服务本质的无形性为传统的研究方法提出了极大的挑战,难以实时掌握消费者对服务价值的感知。将服务科学与神经学进行结合,能够通过脑科学的研究方法对人的行为和心理进行测量和观测,有效地解决了服务科学中人的因素难以控制和测量的问题。在服务型制造和智能制造的背景下,服务需求的识别至关重要,企业关于服务内容的设计和提供也正处于不断发展的状态,网络购物平台所提供的服务的种类和形式在不断变革和更新。企业开始通过提供服务的方式为消费者增加价值,基于消费者对服务主观的价值感知,因此需要掌握消费者的心理诉求和情感诉求,企业通过分析获得能够使消费者获得最大价值感知的服务环节至关重要。运用事件相关电位的研究方法从消费者情绪诱发的角度对消费者对服务内容的价值感知进行评估和衡量,为企业在产品服务组合中的服务设计提供理论指导和依据。能够阐释消费者在购物过程中的情绪诱发并对情感效价进行评估,有助于指导企业服务创新、服务设计和定制化服务,同时指导服务营销和服务管理。研究结论对于人工智能、数字化技术和复杂产品定制、VR 等领域中关于人对服务的感知与评估具有指导意义 (见图 3-1)。

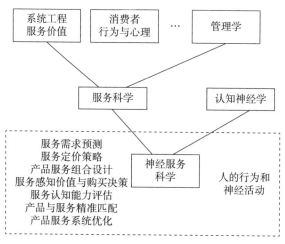

图 3-1　神经服务科学的研究框架

第4章

应用EEG的不对称性分析消费者对产品服务组合的情感卷入

4.1 引 言

网络购物已经成为当代的一种重要的购物模式，目前网络购物平台已经开始提供产品与服务组合的销售，向消费者提供可供选择的产品以及与产品相关的服务，消费者可以根据需要选择产品与服务组合。京东商城在2015年已经开始提供电子产品的服务的销售，当消费者选择购买笔记本电脑、手机、电冰箱等电子产品和家用电器时，消费者除了可以选择产品的基本型号、内存、价格等产品属性，还可以选择与这些产品相关的服务，例如当消费者购买笔记本电脑时，京东网站提供了原厂延保一年（厂保期外服务期内提供原厂免费维修服务）、原厂意外一年（厂保期内提供一次原厂意外免费维修服务）、只换不修一年（第二年发生性能故障免费提供换新服务）、延长保修一年（保修期延长1年，就近维修，不限次服务）等服务；当消费者购买手机时，也为消费者提供了相关的服务，例如屏碎取修1年（屏幕碎裂免费上门取修，新换屏幕保修3个月）、意外取修1年（意外故障免费上门取修，所修部件保修3个月）、全保取修2年（2年意外保+1年延保，免费上门取修）等服务。消费者可以根据自身的需求对服务进行选择和购买，这种产品服务组合的出现为本书的研究提供了现实基础。

产品服务组合是基于客户需求发展起来的，也应是客户导向模式的产物，产品服务组合能够为消费者提供便利，满足消费者需求。企业在推出新的产品与服务组合的过程中，应重视客户价值，了解顾客需求，设计差异化的服务，面向客户的需求提供产品与服务的组合。消费者是产品服务组合的价值接受者，因此了解消费者对产品服务组合的评价以及评估机理至关重要。消费者情绪能够影响消费者行为,在实体商店的购物模式下商店环境、产品陈设、服务接触等能够使消费者对产品和服务直接感知,影响消费者情绪,进而对消费者的行为意向产生影响。在网络购物过程中,消费者对产品和服务的感知方式与实体商店的触觉感知有所不同,消费者进行购买决策过程中无法对产品和服务进行触觉体验,这将扩大消费者情绪对购买决策产生的影响。消费者情绪除了受网站风格影响,直接由网站提供的产品属性和服务内容等信息决定。虽然在决策过程中产品和服务的购买形式已经趋同,但是由于产品和服务在功能上的本质区别,导致消费者在购买产品和服务的过程中将会存在不同程度的情感卷入。鉴于消费者情绪的重要作用以及非理性经济人概念的提出,从消费者情绪的角度出发,研究消费者在网络购物过程中对产品服务组合中不同要素的情感卷入具有重要意义,能够进一步了解消费者行为,并指导产品服务组合的设计。

伴随着神经营销学的发展,以及脑成像技术和脑电图的运用,额叶脑电活动的不对称性已经能够进行测量。已经有一部分学者从情绪的角度解释了额叶脑电活动的不对称性的现象,当人们处于一定的情绪状态时,会使大脑前额区的脑电图呈现不对称的现象,并且表现为积极情绪能够促使大脑的左半球被激活,消极情绪促使大脑的右半球被激活。服务能够提高产品的竞争力,增强顾客的满意度,但是服务种类多样,服务的竞争力根源以及消费者对服务价值的感知程度如何衡量一直缺乏研究。

本书运用脑电波的研究方法分析消费者在购买产品服务组合过程中的情感卷入和购买决策。通过模拟消费者对产品服务组合的购买决策过程,运用事件相关电位的研究方法解释消费者在对产品服务组合中的产品和服务两种基本组成要素进行选择时所诱发情绪的差异,进而为解释产品与服务的本质差异以及服务竞争力的来源提供神经学的理论基础,也能够为企业的服务创新和服务设计提供理论依据。在网络购物过程中消费者的情绪能够影响消费者行为,消费者情绪的诱因则主要来源于购物平台提供的产品和服务的内容。通过额叶脑电活动所呈现的 EEG 的不对称性现象与情绪之间的联系,本书将分析消费者在网络购物过程中对产品服务组合的情感卷入。

4.2 产品服务组合价值构成的神经学基础

产品服务组合属于产品服务系统的一个分支,学者们对于产品服务系统的类型已经进行了比较详细的划分，本书所研究的产品服务组合即是厂商为消费者提供的既销售产品同时也提供与产品相关的服务的销售形式，主要特点是产品服务组合的价格中包含了服务的价值。伴随着产品服务系统的出现，消费者传统的对产品和服务的认知也将发生变化。产品服务组合是基于客户需求发展起来的，是客户导向模式的产物，以满足顾客需求为主要目的。企业会以客户的需求为导向，设计差异化的服务，在制造业服务化的研究中提及了客户价值的重要性，并有学者指出企业与客户的关系应是基于产品和运营的表现增强与客户的互动，客户是价值的接受者，因此研究的重点仍然是制造商如何向客户提供服务价值。以客户为导向的模式的产生是制造业服务化快速发展的原因之一。企业提供产品和与之相关服务的主要目的是满足客户需求进而提升竞争优势，这就要求企业能够掌握消费者对产品服务组合的认知。

在制造业服务化的背景下，企业可以提供不同类型的产品服务系统型。在制造业服务化的初级阶段，企业提供以产品为导向的 PSS。制造企业进行服务化转型的初级阶段实施的模式一般表现为以产品为导向的 PSS 模式。在这种模式中制造企业可以在产品生产的基础上提供支持产品使用的相关服务，企业仍以产品生产为主，产品的所有权归顾客所有，企业提供附加服务的设计，例如比较常见的安装和维修。在以产品为导向的 PSS 模式中，可以依据产品的不同类型提供不同的服务。Lightfoot 指出在产品的生命周期各阶段提供可维护性的设计，主要适用于可维修的产品，服务化的模式包括产品维修的设计、战略、控制、结果评估，以及产品可维护性改进和执行等。产品导向模式更加关注对产品的支持，不仅包括维修和修护，还包括安装、培训、零部件和辅助产品的提供、文档，客户咨询和质量保证计划。在这种对产品进行支持的模式中，企业开始关注顾客活动，能够集中发展团队目标，服务设计的内容更加宽泛，包括可获得性、服务性、适用性、可安装性等参数，旨在为顾客提供更大的潜在价值。同时这也需要更多的资源和能力，一般传统的制造业缺乏这种必要的处理能力。Baines 系统地比较了传统的制造业、传统的服务业和以产品为中心的服务化三者之间企业投入的差异，并且着重分析了以产品为中心的服务化在技术、组织能力和与顾客关系等方面的具体要求。Vandermerwe 提出企业应采用方法了解客户需求，并将其称为客户的活动周期。通过了解客户在接受服务时的表现，以及前期和后期的行为，能够帮助企业寻找为顾客提供价值的机会。企业需要建立产品与客户之间的联系，进而进行产品与服务的融合，寻找潜在的商业机会。在中国制造业发展的背景下，传统的提供有形产品的制造业正在逐步提供服务附加值,按照服务在制造业中的作用将制造业服务增强分为基础性增强和提升性增强:基础性增强是企业通过采用差异化的服务手段实现增强产品竞争力的结果;提升性增强则强调服务价值的创造。

消费者情绪是指消费者在购买产品或服务过程中的心理反应,Westbrook 认为这种情绪状态是以消费者的购物经历为主要诱因,消费者情绪类型会根据购物过程中接触的产品或服务发生变化。在关于环境对消费者所诱发情绪的模型中,学者提出了情绪会对消费者的行为产生影响,其过程表现为由快乐到唤醒,再由唤醒到控制。例如,Westbrook 证实了产品属性能够诱发消费者情绪,重点分析了消极情绪的诱发对消费者购后行为的影响。Chaudhuri 在消费者情绪与风险感知的研究中,将产品的类型划分为必需品和奢侈品,并且证实了必需品对消极情绪的诱发以及奢侈品对积极情绪的诱发。在商场的购物环境下,消费者情绪会受商店的陈设、工作人员的服务态度以及商品价值等因素影响,并且消费者购物前的情绪也会影响消费者的购买意图。

在网络购物过程中,消费者虽然无法对产品和服务进行触觉感知,但是网站所提供的产品和服务的信息能够激发消费者的联想,同时诱发消费者情绪,刺激消费者的购买欲望和消费冲动,所以消费者在网络购物过程中情绪所发挥的作用会更为显著。在在线购物体验的相关研究中,学者们分析了网站的便利性和关系服务对顾客情感的影响,以及顾客情感与购买意愿之间的关系。由于在传统的商场购物模式下,产品和服务的购买形式和内容存在显著的差异,导致目前研究的主流仍然是将产品和服务作为相互独立的两个方面进行研究,尤其是通过产品质量、服务创新、服务质量等研究来体现,尚未采用同一个评价标准评估产品和服务。在网络购物的模式下,消费者在购买服务的过程中,其购买的形式与操作方法与购买产品完全相同,因此研究消费者对产品与服务组合的购买行为具有一定的现实意义。在网络购物过程中,消费者情绪的诱发则与商场购物情境下的情绪的诱发有所差异,网站提供的产品属性和服务内容以及网站的整体风格等都将诱发消费者情绪,进而影响消费者的购买行为。网络购物平台已经开始向消费者提供产品服务组合的销售,但是关于消费者对产品服务组合的评估标准的研究则很少出现,目前针对网络购物模式下对消费者情绪的评估的研究仍处于初级阶段,尤其是消费者在购买过程中针对不同的产品属性和服务内容所产生的情绪差异的研究尚未出现。情绪能够激励人的活动,也可以对认知过程产生影响,因此研究消费者网络购物过程中的情感卷入意义重大。

伴随着神经营销学的发展，功能性核磁共振和脑电图等相关的技术开始被应用于消费者行为的研究中。脑区的功能定位一直是研究的热点问题，其中与情绪有关的区域主要集中于大脑的前额皮层、脑岛、体感皮层、扣带回、杏仁核等部分。基于脑区定位和神经影像学的研究成果，当人们处于不同情绪状态时在大脑的前额区将会出现左右激活不对称的现象，当被试出现积极情绪或者区域接近的状态时，大脑的左半球将会被激活。而当被试出现消极的情绪或者趋于回避的状态时，大脑的右半球将会被激活。可见，特别是大脑前额区的不对称现象已经应用于情绪类型辨别的问题上。但是，目前事件相关电位的研究方法应用于对消费者情绪上的研究还很少出现。

事件相关电位的研究方法已经在和情绪有关的研究中有所出现，大部分学者采用了情绪面孔、情绪词汇或者电影片段等作为刺激材料诱发被试的情绪，进而研究被试在不同情绪类型下 ERP 成分的特点以及情绪被诱发时大脑所被激活的区域。在 EEG 的研究框架下，学者们主要应用了 EPN 和 LPP 等 ERP 成分。EPN 是能够反映情绪刺激与中性刺激不同加工处理过程的早期 ERP 成分。ERP 成分通常出现于刺激呈现后的 150 毫秒，通过最大振幅出现于 200~300 毫秒，是一个负走向的波。Schupp 在其研究中应用情绪图片诱发情绪，当刺激呈现后的 150~300 毫秒内 EPN 的振幅达到最大，在前额和中央联合区出现了负波。学者们还通过将情绪图片分类，向被试呈现高兴图片和不高兴图片刺激，进而对两种情绪所诱发的 EPN 振幅进行对比，结果显示高兴和不高兴的带有情绪色彩的图片所诱发的 EPN 振幅显著高于中性图片刺激。不同类型的情绪图片在脑地形图上存在差异，当在实验过程中刺激呈现的时间间隔被扩大后，比如增加至 1.5 秒的时间间隔后，EPN 这个负走向波也同样会被情绪图片诱发，并且该波的潜伏期并没有发生变化。后续的分析也表明两种极端的情绪类型，比如高兴和不高兴，能够对大脑对情绪诱发以及处理过程进行预测。根据这一研究观点，EPN 被视为一种与情绪图片加工处理有关的 ERP 成分。特别重要的应用在于情绪唤醒度高的图片所诱发的 EPN 的振幅将显著高于情绪唤醒度低的图片。

晚正电位约从 300 毫秒开始，可持续到 1000 毫秒左右，被视作参与情绪加工的晚期 ERP 成分。当被试观看高兴和不高兴的图片刺激时，将会诱发 LPP，并且积极或消极图片较中性图片能够诱发更大的 LPP 振幅。Dietrich 采用情绪词汇验证被试对不同情绪的反应，证实了积极或消极的情绪词汇较中性的词汇诱发更大的 LPP 振幅。大量的研究显示带有情绪色彩的刺激能够诱发晚期正成分,潜伏期在 300 毫秒左右,最大振幅则会出现在 300~1000 毫秒。Flaisch 和 Dietrich 在应用高兴的情绪图片和不高兴的情绪图片的试验中发现了 LPP,并且证实了高兴或者不高兴情绪所诱发的 LPP 振幅显著高于中性图片所诱发的 LPP 振幅。当刺激呈现的 400~600 毫秒,由高兴和不高兴图片所诱发的 LPP 振幅出现在大脑的前额区、中央区和枕区。这些研究显示了情绪所带来的心理特征的变化能够通过大脑的电位诱发进行呈现,进而代替了对其他部位反应的测量,情绪的反应能够通过脑测量的方式进行衡量。

LPP 是能够反映大脑认知与情绪作用的晚期正成分,对于 LPP 的诱发不同的学者分别从认知和情绪的角度进行了解释。Matsudaa 和 Nittonob 指出 LPP 并不仅仅反映情绪刺激的加工处理过程,当非情绪类型的刺激出现时 LPP 也能够被诱发,这主要体现了大脑的认知加工过程。在 Matsudaa 和 Nittonob 之前的学者通常指出当非情绪化的刺激需要通过一定的努力进行认知时则会诱发 LPP,这个 LPP 被视为一种正慢波。当情绪或者非情绪的图片或文字刺激呈现时,都会占用被试的认知资源,需要被试经过需要努力的认知过程,可见 LPP 成分是一种既能够包含认知资源又能够反映情绪的复杂 ERP 成分。

根据以上的研究综述,本章将对产品服务组合所诱发的消费者情绪进行研究。EPN 作为早期的情绪反应,能够对刺激材料的情感效价进行鉴定。鉴于 LPP 能够同时反映人们的认知和情绪,在此应用学者在对情绪图片刺激研究中的结论,当 LPP 伴随 EPN 出现后,LPP 被视为一种与情绪加工和处理有关的 ERP 成分。当 EPN 没有被诱发,LPP 则更多地被视为一种由认知诱发的 ERP 成分。本书从消费者情的角度研究消费者在网络购物过程中对产品和服务的购买决策行为,根据消费者情绪和脑科学的相关理论,消费者在网络购物的购买决策过程中,在浏览产品属性和相关的服务内容时都能够诱发消费者情绪,本书提出假设:

H_1:产品属性和服务内容所诱发的情绪效价存在显著差异,产品属性的情绪效价低于服务内容,具体表现为两者在 LPP 振幅上的显著差异。

H_2:服务内容能够诱发与积极情绪有关的 ERP 成分,在大脑前额区域将会出现左右电极振幅不对称的现象,LPP 在左前额的振幅大于在右前额的振幅。

4.3　产品服务组合要素价值评估的实验方法

4.3.1　实验设计

实验采用单因素实验设计（刺激类型）。刺激类型是被试内变量，有产品属性和服务内容两个水平。实验的自变量为刺激类型，因变量为 ERP 振幅，包括 EPN 和 LPP 振幅。被试将被要求模拟购买产品服务组合，产品服务组合来源于目前中国网络购物平台所提供的产品属性和服务内容。通过将产品属性和服务内容制作成 BMP 格式的图片，在北京航空航天大学的行为和人因实验室中用 Eprime2.0 软件呈现实验刺激，在被试进行购买选择的过程中，采用美国 EGI 公司生产的脑电设备进行数据采集。在被试对产品属性和服务内容进行选择的过程中，情绪将伴随被试的购买行为。脑电设备能够准确地记录被试观看产品属性和服务内容的情感卷入，通过采集脑电波的数据，可以保证被试对产品属性和服务内容的情绪值脑电数据的客观性。

4.3.2　被试

21 名硕士研究生作为实验的被试，他们来自不同的专业，其中 12 名女生，年龄介于 22 岁和 30 岁之间，平均年龄为 25.4 岁。所有的被试视力正常或者经矫正后视力正常，无精神病史或大脑损伤，右利手。每位被试在实验之前被告知了实验的注意事项，以及实验的安全性。每位被试均自愿参加实验，并且签署了实验知情书。其中一名被试在实验过程中因采样率标记错误，无法进行数据文件合并，将其数据信息删除，因此最终计入 20 名被试的数据，包括 11 名女生、9 名男生，平均年龄是 24.5 岁。

4.3.3　实验素材

网络购物平台已经开始通过提供服务来提升竞争优势。京东商城作为中国最大的电商平台之一,自 2015 年开始提供与产品相关的服务的销售,这将引领一种新的服务营销模式。Tukker 将产品服务系统进行了分类,其中以产品为导向的产品服务系统中服务分为两种类型:一是直接与产品相关的服务;二是建议、培训和咨询类的服务。与产品直接相关的服务更加关注产品的使用,而建议、培训和咨询类的服务关注产品和整个产品的使用过程。与产品直接相关的服务包括维修、产品检测、诊断、更新、安装、运输、保养以及零部件供应等。提供建议和咨询类服务的目的在于使产品更有效地被使用,包括通过为消费者提供咨询和培训进而提升消费者的认知能力和为消费者提供产品选择的建议等。根据中国消费品市场的持续增长,电商平台提供产品和服务组合将成为新的亮点。

产品服务组合已经成为网络购物平台销售的新形式,本书将采用京东商城提供的电子产品的产品服务组合。参考京东商城提供的电子产品和服务,在实验中选择了京东网站提供的与产品相关的服务类型。根据中国制造业服务化的趋势以及零售产品的种类,实验的素材确定为家用电器和电子产品,产品服务组合的类型选择产品和服务融合初级阶段的形式,即产品附加服务的形式,服务包括送货、安装和维修等直接与产品相关的服务。根据中国这几类产品 2014 年零售产品的消费总量,我们将实验素材确定为手机和笔记本电脑等六种商品。商品产品属性服务内容将会根据网站上的内容提供。实验素材包括 6 种商品,每种产品提供一种产品属性和一种服务的组合。例如笔记本电脑提供 CPU 和内存的产品属性,提供一年的硬件保修和送货上门等服务。其中每种商品提供四种产品属性的配置,例如笔记本电脑,产品属性被试可以选择 Intel i5 CPU 和 Intel 7 CPU 及 8 GB 和 16 GB 的内存。四种服务包括一年的硬件保修、意外损坏保修一年、14 天的无理由退换货、送货上门等。因此每种产品对应 4×4 = 16 种产品和服务的组合。

4.3.4 实验程序

实验在北京航空航天大学行为和人因实验室中进行,实验室的自然环境能够保证 ERP 实验的顺利进行。实验前被试被告知了实验过程中的注意事项,当被试佩戴电极帽后,指导被试将左、右食指分别放在键盘的 F、J 键上,以便按照实验指导语进行购买决策。实验指导语见图 4-1。实验的刺激包括 96 种产品属性和服务的组合,具体表现为 1 种产品×4 种产品属性×4 种服务内容。实验中刺激的呈现顺序如图 4-2 所示。每次实验首先呈现"+"图片，持续时间为 2000 毫秒；然后呈现产品名称和价格图片，持续时间为 2000 毫秒；然后呈现产品属性图片，持续时间为 2000 毫秒；然后呈现服务图片，持续时间为 2000 毫秒；最后呈现被试进行购买决策的图片，写明愿意购买该产品请按 F 键，否则按 J 键，持续时间为 4000 毫秒，之后进入下一轮测试。实验中产品和服务的组合随机呈现。在实验指导语中介绍了被试需要完成的任务，即通过浏览产品属性和服务做出是否购买的决策，并且提示被试尽快做出决策，如果选择购买按 F 键，不购买则按 J 键。在正式数据采集前，每位被试均进行了 5 次练习，练习后每位被试都独立进行了 96 次测试。

欢迎您参加我们的实验

实验首先在电脑屏幕出现一个红色"+"注视点，提醒您开始实验，请集中精力注视电脑屏幕中央。然后将会出现一种产品以及与其相关的属性和服务，请判断是否会考虑购买这种产品。如果购买请按键盘上的"F"键，如果不考虑购买请按键盘上的"J"键。实验呈现时间很短，请尽快做出判断。

明白上述指导语后，请你坐好。将双手放在键盘上，把左手的食指放在"F"键上，把右手的食指放在"J"键上，实验要求你使用这两个键回答问题。记住，左手做"考虑购买"的判断，右手做"不考虑购买"的判断。

准备好后请按右手的"J"键开始练习，然后进入正式实验。

图 4-1　实验指导语

4.3.5　脑电数据处理

实验的刺激呈现运用 E-prime2.0 软件进行编程，运用 Net Station4.3.1 脑电记录分析系统记录和分析 EEG 数据。实验被试在进行购买决策时，运用美国 EGI 公司的脑电设备对脑电信号进行数据采集。被试将佩戴 64 导电极帽，参考电极为 Cz 点，采样频率为 500Hz。E-prime 软件将记录被试的行为数据，包括被试的反应时间和输入的数值等。采集的 EEG 数据将通过滤波，分段，剔除伪迹，基线校正，总平均叠加，最终得到两种条件下的 ERP。采用无相移数字滤

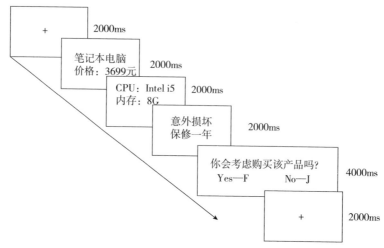

图 4-2　实验刺激顺序

波的模式,将 EEG 数据进行了低通 30Hz 的数字滤波。实验刺激通过 E-prime2.0 软件呈现,该软件能够记录被试的反应时和购买决策等行为数据。E-prime2.0 软件与 Net Station 软件连接后,被试在观看实验刺激时的脑电数据则会由 Net Station 记录。脑电信号数据采集成功后,将利用 Net Station 4.3.1 对 EEG 数据进行处理,并以获得最终的事件相关电位为目的。

数据的处理过程按照 ERP 的处理程序和原则,先对数据进行滤波,然后根据刺激类型进行分段,本实验中按照产品属性刺激和服务内容刺激进行分段。根据对产品属性和服务内容划分的标记,将 EEG 进行分段,分为产品属性和服务内容两段,截取刺激发生前 200 毫秒,刺激后取 800 毫秒。其中被试伴有眨眼($\pm140\mu V$)和眼动($\pm55\mu V$)等伪迹的数据被剔除。最终按照分段的数据分别进行叠加平均,得到产品属性刺激和服务内容刺激条件下的 ERP,并参考刺激出现前 200 毫秒的脑电波形进行基线校正。对于不同条件下 ERP 振幅的比较将采用组内单因素重复方差检测的方法。方差分析的因素包括实验条件(产品属性和服务内容)和电极位置(F1、Fz、F3、AF3、AFz、F5、FCz、FC1、FC3)。

4.4　数据分析

当产品属性刺激和服务内容刺激呈现时,本书将对两种刺激所诱发的事件相关电位进行分析，并对刺激呈现时大脑被激活的区域进行呈现，服务刺激诱发了与情绪有关的早期 ERP 成分 EPN，产品属性和服务内容刺激都诱发了晚期正成分 LPP。同时又由于大脑前额区 EEG 不对称性的特点，能够反映不同的情绪类型，因此在数据分析中也应用 EEG 的不对称性对左右脑区的数据进行了分析，进而对刺激所诱发的情绪类型进行验证。基于脑区定位和神经影像学的研究成果，当人们处于不同情绪状态时在大脑的前额区将会出现左右激活不对称的现象，当被试出现积极情绪或者区域接近的状态时，大脑的左半球将会被激活。而当被试出现消极的情绪或者趋于回避的状态时，大脑的右半球将会被激活。

4.4.1　EPN

脑电信号的数据显示，当被试观看 E-prime 软件所呈现的产品服务组合并进行购买决策时，产品属性和服务内容刺激都诱发了事件相关电位。在刺激呈现的 180~260 毫秒内，由服务内容诱发了 EPN，一个负走向波，最大振幅出现在 200 毫秒，而产品属性内容刺激则没有呈现显著的 EPN。图 4-3 显示了产品属性刺激在 200 毫秒的脑地形图，其中显示了大脑前额区和中央区被激活的区域。根据脑区的功能定位，前额区和中央前额联合区能够负责人们的情感加工过程。服务刺激在 200 毫秒左右诱发了 EPN 成分，而产品属性刺激条件下则无明显的 EPN 成分。

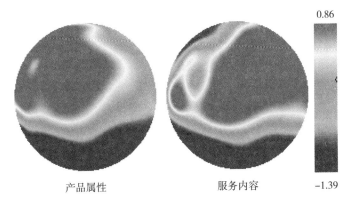

0.86

产品属性　　　　　　　　服务内容　　　　　　-1.39

图 4-3　产品属性和服务内容刺激下的脑地形图（200ms）

为了对两种刺激内容所诱发的事件相关电位进行比较，对产品属性和服务内容刺激在 200~300 毫秒时间窗口下的波形分别做平均,进行 2(产品属性和服务内容)×9(9 个电极位)被试内重复测量方差分析,表 4-1 展示了产品属性刺激和服务内容刺激在左前额区域电极的 ANOVA 分析结果。分析结果表明,在 200~300 毫秒时间窗口内,产品属性刺激和服务内容刺激所诱发的脑电信号的振幅存在显著差异 [F=191.386,P=0.000],不同电极之间的振幅也存在显著差异 [F=35.325,P=0.000],产品属性和服务内容这两个不同条件和电极之间的交互效应也显著 [F=13.875,P=0.000]。

表 4-1　产品属性和服务内容条件下大脑左前额区域 EPN(200~300ms)
均值(方差)描述统计

电极	产品属性	服务内容	F 值	P 值
Fz	-0.86(0.26)	-0.24(0.38)	94.522	0.000
F1	-0.33(0.32)	-1.18(0.74)	53.166	0.000
F3	-0.13(0.33)	-0.93(0.83)	39.189	0.000
F5	-0.13(0.27)	-1.07(0.14)	39.340	0.000
AFz	-0.95(0.29)	-1.28(0.31)	28.668	0.000
AF3	-0.33(0.44)	-1.55(0.91)	70.423	0.000
FCz	-0.11(0.21)	-0.21(0.13)	8.7871	0.004
FC1	0.20(0.25)	-0.24(0.38)	46.612	0.000
FC3	-0.11(0.15)	-0.67(0.75)	27.586	0.000

4.4.2　LPP

当产品属性刺激和服务内容刺激呈现后,两种类型的刺激都诱发晚期正成分,即 LPP(潜伏期为 520~660 毫秒),这种 ERP 成分分布于左前额区域。

为了对产品属性和服务内容所诱发的 LPP 进行比较,对两种不同条件的刺激在 500~600 毫秒的时间窗口下的 LPP 波形分别做平均,进行 2(产品属性和服务内容)×9(9 个电极位)被试内重复测量方差分析,表 4-2 展示了产品属性和服务内容在左前额区域电极的 ANOVA 分析结果。分析结果表明,在 500~600 毫秒时间窗口内,产品属性刺激和服务内容刺激所诱发的 LPP 振幅存在显著差异 [F=14.168,P=0.000],不同电极之间的振幅存在显著差异 [F=

1064.696，P=0.000]，产品属性和服务内容不同条件和电极之间的交互效应也显著 [F=74.377，P=0.000]。脑地形图的结果与 ANOVA 分析结果一致，图 4-4 为 550 毫秒时的产品属性刺激和服务内容刺激的脑地形图，清楚地呈现了左前额区域 LPP 波形在产品属性和服务内容刺激上的差异，其中服务刺激所诱发的 LPP 的振幅高于产品属性刺激所诱发的振幅。

表 4-2 产品属性和服务内容条件下大脑左前额区域
LPP 均值（方差）描述统计

电极	产品属性	服务内容	F 值	P 值
Fz	6.43（0.81）	5.98（0.15）	14.623	0.000
F1	5.21（0.71）	5.64（0.27）	16.507	0.000
F3	1.97（0.55）	3.66（0.13）	454.408	0.000
F5	1.48（0.50）	3.37（0.23）	583.740	0.000
AFz	8.07（1.36）	7.23（0.17）	18.496	0.000
AF3	6.05（1.03）	6.59（0.31）	12.349	0.001
FCz	2.29（0.26）	2.35（0.13）	1.742	0.190
FC1	0.60（0.22）	1.55（0.05）	904.469	0.000
FC3	0.68（0.24）	1.87（0.15）	841.811	0.000

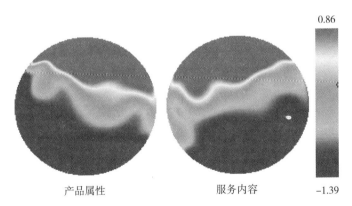

图 4-4 产品属性和服务内容刺激下的脑地形图（550ms）

4.4.3 EEG 的不对称性分析

4.4.3.1 产品属性刺激的脑电数据分析

当被试浏览产品属性刺激时在大脑的前额区诱发了 LPP（潜伏期在 520～660 毫秒），但是 LPP 在前额区和中央区左右两侧的振幅与服务刺激所诱发的 LPP 振幅情况存在显著差异。左前额区和中央区的电极 F3、FC1、C1、C3，以及右前额区和中央区的 F4、FC2、C2、C4，LPP 在大脑前额区和中央区左侧电极和右侧电极所诱发的振幅存在显著差异。为了将产品属性所诱发的情绪与服务内容所诱发的情绪类型进行对比，应用对比大脑左右脑区脑电信号差异的方法，试图用不对称的 EEG 数据解释不同情绪类型的诱发。对左右两侧电极在产品属性的条件下（500～600 毫秒的时间窗口内）的 LPP 波形也进行 2（左、右电极）×6（6 个电极位）被试内重复测量方差分析，表 4-3 展示了左、右电极在产品属性刺激条件下的 ANOVA 分析结果。分析结果表明，在 500～600 毫秒时间窗口内，产品属性刺激在左侧电极和右侧电极诱发的 LPP 振幅存在显著差异 [F = 130.626，P = 0.000]，不同电极之间的振幅存在显著差异 [F = 1343.426，P = 0.000]。后续分析显示，大脑右侧大脑右前额区域所诱发的 LPP 振幅显著高于左侧电极所诱发的 LPP 振幅，出现了 LPP 在大脑前额区的不对称现象。脑地形图的结果与 ANOVA 分析结果一致，在产品属性刺激条件下，图 4-4 显示了当产品属性刺激呈现 550 毫秒时的脑地形图，在图中显示了大脑前额区的不对称现象，大脑右前额区域所诱发的 LPP 振幅显著高于左侧电极所诱发的 LPP 振幅，产品属性对于右前额产生了更大程度的激活现象。

表 4-3 产品属性刺激下左、右电极的 LPP 均值（方差）描述统计

区域	左侧电极	右侧电极	F 值	P 值
前额区（F3、F4）	1.97（0.30）	4.22（1.31）	591.329	0.000
前额中央联合区（FC1、FC2）	0.60（0.05）	1.66（0.05）	596.068	0.000
中央区（C1、C2）	0.14（0.01）	1.20（0.01）	1147.013	0.000
中央区（C3、C4）	0.09（0.01）	0.75（0.01）	1198.648	0.000

4.4.3.2 服务内容刺激的脑电数据分析

当被试浏览服务内容时在大脑的前额区诱发了 LPP（潜伏期在 520～660 毫

秒），并且左前额区域所诱发的 LPP 振幅显著高于右前额所诱发的 LPP 振幅。图 4-4 显示了当刺激呈现 550 毫秒时的脑地形图，在图中显示了大脑前额区的不对称现象，大脑左前额被更大程度地激活，大脑在左前额被激活的程度和范围显著高于右前额。左前额区和中央区的电极 F3、FC1、C1、C3，以及右前额区和中央区的 F4、FC2、C2、C4。LPP 在大脑前额区和中央区左侧电极和右侧电极所诱发的振幅存在显著差异，为了验证左右两侧电极 LPP 振幅的差异，在 500~600 毫秒的时间窗口下，对左右两侧电极在服务内容刺激的条件下的 LPP 波形分别做平均，进行 2（左、右电极）×6（6 个电极位）被试内重复测量方差分析，表 4-4 展示了左、右电极在服务内容刺激条件下的 ANOVA 分析结果。分析结果表明，在 500~600 毫秒时间窗口内，服务内容在左侧电极和右侧电极诱发的 LPP 振幅存在显著差异，不同电极之间的振幅存在显著差异。脑地形图的结果与 ANOVA 分析结果一致，在服务刺激条件下，大脑左前额区域所诱发的 LPP 振幅显著高于右侧电极所诱发的 LPP 振幅，出现了 EEG 不对称的现象，体现了被试在对服务进行评估过程中的情绪加工过程，并且由服务内容刺激所引发的 EEG 不对称性与由产品属性刺激所诱发的 EEG 不对称性有所差异。

表 4-4　服务内容刺激下左、右电极的 LPP 均值（方差）描述统计

脑区	左侧电极	右侧电极	F 值	P 值
前额区（F3、F4）	3.66（0.17）	2.23（0.02）	3156.122	0.000
前额中央联合区（FC1、FC2）	1.55（0.00）	0.76（0.22）	1199.771	0.000
中央区（C1、C2）	1.04（0.03）	0.10（0.01）	1147.013	0.000
中央区（C3、C4）	0.74（0.04）	−0.33（0.01）	1198.648	0.000

4.5　结果讨论

本实验研究选择了产品附加相关服务的产品服务组合形式，即面向产品的产品服务系统，服务内容选择的是直接与产品相关的服务。根据 Tukker 将产品服务系统进行的分类，以产品为导向的产品服务系统中服务分为两种类型：一是直接与产品相关的服务；二是建议、培训和咨询类的服务。本实验研究只提

供了直接与产品相关的服务。在本书中将实验刺激按照购物网站提供的产品属性和服务内容进行了分类。在产品服务组合中产品和服务是两个基本的组成要素，目前消费者可以按照需求对服务进行选择，但是由于产品和服务存在本质的区别，因此消费者对产品和服务评估过程也将有所不同。在本研究中当被试浏览产品属性和服务内容时，两种刺激所诱发的事件相关电位存在显著差异。服务内容诱发了显著的 EPN 和 LPP 成分，并且大脑的左前额区域出现了被激活的状态，证实了服务内容对积极情绪的诱发。而产品属性没有诱发 EPN 成分，虽然出现了晚期正成分 LPP，其振幅也显著低于服务内容所诱发的 LPP，可见产品属性所诱发的情感效价与服务内容之间存在显著差异。产品属性虽然能够反映产品的功能和性能，但是产品质量往往需要消费者的使用才能对其价值进行感知，消费者通过浏览产品属性信息难以形成超出期望或者预期的回报，因此难以诱发消费者的积极情绪。通常奢侈品或者高品质的产品也能够诱发消费者的积极情绪，但是本研究所选择的实验素材都是普通的电子产品，这也增强了实验的信度。消费者在浏览产品属性刺激时，没能够像服务刺激那样出现显著的积极情绪的情感卷入，主要原因是消费者对产品属性的认可通常需要经过使用，对产品质量进行评估和感知，在这一过程中消费者如果对产品质量满意则会被诱发积极的情绪，而当消费者在对产品的使用过程中对产品质量不满意则会产生消极情绪。因此，对于产品属性对消费者情绪的诱发类型尚未能够准确地进行界定，这与之前关于产品质量价值感知的研究结论一致，即产品属性与积极情绪之间的关系难以确定。对于服务内容所诱发的积极情绪可以从服务价值感知的角度进行解释，由于服务价值能够快速被感知，消费者能够对服务所带来的收益直接进行判断和评估，进而能够促进消费者积极情绪的诱发。服务提供者向顾客提供服务的过程中，服务价值将借助一些产品或者事物作为载体进行转移，由于维修或者安装等与产品相关的服务，消费者能够通过服务内容的描述感知接受服务后物品或者事物状态的改变或者改善，同时诸如送货上门等服务能够直接使消费者感受享受类价值，能够迅速使消费者的精神状态得以提升。

在本书中，当被试观看服务内容刺激时在大脑左前额区域被诱发了事件相关电位，这也证实了前额区 EEG 的不对称性与情绪诱发有关。额脑不对称现象即当特定刺激出现后大脑的前额区被激活呈现左右不对称现象，并且这一现象被认为与情绪加工处理过程有关。关于与情绪有关的 ERP 研究为我们提供了大脑加工情绪刺激的时间信息以及脑区的定位，这为判断消费者在网络购物过程中的情感卷入提供了前提基础。其中情绪加工的晚期 ERP 成分 LPP 是参与情绪深度加工的复杂成分，并且积极情绪和趋近的情绪状态将会激活大脑的左前额区域。在学者们采用高兴和不高兴的图片作为刺激的实验中，情绪图片将会诱发与情绪有关的事件相关电位 LPP，并且积极或消极图片较中性图片能够诱发更大的 LPP 振幅，这一研究结论能够用于解释服务内容刺激所诱发的左前额区域的脑电波的诱发。

　　伴随脑成像技术的应用，额脑不对称的现象被证实，并且学者一直认为这种前额区的不对称与情绪的处理过程有关。消费者在线进行产品与服务组合的购买决策时，当浏览产品和服务的信息时情绪将会被诱发，具体表现为与情绪有关的 ERP 成分的出现，其中 EPN 出现于大脑的左前额区域，LPP 主要分布于大脑的前额区，并且 LPP 成分的左右电极的振幅呈现不对称性。当被试浏览服务内容时，LPP 在大脑的前额区左侧电极 LPP 的振幅高于右侧电极 LPP 的振幅。产品属性刺激虽然诱发了 LPP 成分，但是其振幅显著小于服务内容刺激所诱发的 LPP 振幅。主要原因是一方面服务内容诱发了早期的 EPN 成分，这使 LPP 包含了情绪加工处理过程，而产品属性刺激所诱发的 LPP 成分可能是由于认知而产生的晚期正成分，缺少情绪加工处理过程，因此其振幅小于服务内容刺激所诱发的 LPP 振幅。在关于情绪的事件相关电位的研究中显示，当被试出现趋近或者观看积极情绪图片，或者观看更具有吸引力的产品外观时，大脑的左前额活动更为显著。这些研究表明大脑的左前额的活动能够诱发积极情绪，也证实了大脑前额区的不对称与情绪的处理过程有关。当刺激能够诱发人脑情绪时，大脑活动会出现不对称的现象，积极情绪将会更多地激活大脑的左半球活动，本研究证实了消费者的积极情绪能够激活大脑左前额区域的活动。

　　消费者在网络购物过程中，根据自身的认知能力对网站提供的产品和服务进行选择，但是情绪一直伴随消费者整个购买决策过程，网络购物环境或者网上所提供的产品信息及服务内容将成为诱发消费者情绪的主要因素。积极的情绪体验能够对消费者的购买行为产生积极影响并且提升消费者满意度。伴随着电商平台的激烈竞争和推陈出新，以及网络购物具有的信息的多样性的特点，而消费者在进行信息处理过程中的能力是有限的，在这种背景下受消费者有限理性的影响，情绪将会成为引导消费者选择处理信息的重要因素之一，会对购买行为产生更大的影响。因此卖家应该重视网站所提供产品和服务信息对消费者情绪的诱发，进而促进消费者的购买意愿。在消费者情绪诱因的相关研究中，多数学者考察了在服务业中服务对消费者情绪产生的影响，尤其是当服务失败出现后对消费者情绪和顾客满意度产生的影响。当服务失败后消费者的情绪将会受到影响,学者们验证了服务失败对消费者消极情绪的诱发,并且在不同的行业消费者情绪对满意度的影响也不尽相同。在消费者对产品属性信息和服务信息进行认知和评估的过程中,会根据自身的认知能力、购物经验以及感知价值等进行选择,因此在消费者浏览产品属性的信息和服务内容时所诱发的情绪类型会存在显著差异。本书证实了消费者在产品服务组合的购买决策过程中出现了情感卷入,证实了消费者在决策过程中对不同要素产生的情感体验,有助于通过这种研究方法了解消费者的情感诉求。

4.6   本章小结

产品服务组合已经在电商平台上销售,这使服务的选择和评估过程与传统的产品决策过程同时进行。但是由于产品和服务功能的差异,消费者对产品和服务的认知和评估过程则会存在差异。良好的服务能够在情绪和认知等方面提升顾客的满意程度,对购买行为产生促进作用。消费者情绪能够影响消费者行为,消费者情绪的诱因一直是学者研究的焦点,网络购物过程也是消费者一种情绪体验过程,研究购物过程中各个要素对消费者情绪的影响意义重大。Pham等发现诸如产品和品牌都能够在消费者购买决策中诱发情绪,不同类型的产品所诱发的情绪也会存在差异。本书选择电子产品作为实验素材,主要原因是在经过制造业服务化的调研后发现,电子产品在产品与服务组合的提供上已经比较显著。因此,本书选择电子产品的产品属性和服务内容对消费者情绪的诱发的差异,进而阐释服务所诱发的情绪对购买决策的促进作用。通过评估消费者对产品属性和服务内容所诱发的情绪的差异,可以为企业设计产品和服务组合提供思路。当产品属性和服务所诱发的情绪类型被确定后,即可以采用 ERP 的研究方法对特定的产品属性和服务内容所诱发的情感效价进行衡量,进而更好地解释消费者情绪与消费者购买决策之间的联系。

在本实验中,通过模拟网络购物环境实现被试对产品与服务组合的购买,运用事件相关电位的研究方法,分析了消费者在网络购物过程中的情感卷入。当被试浏览产品属性和服务内容时,EPN 和 LPP 作为与情绪有关的 ERP 成分被诱发,主要分布于大脑的前额区,并且出现了左右侧电极的 LPP 振幅不对称的现象。实验结果证实了消费者在网络购物过程中情绪的诱发，并且解释了产品和服务两者诱发的情绪类型存在差异。消费者在线进行产品与服务组合的购买决策时，当浏览产品和服务的信息时情绪将会被诱发，具体表现为与情绪有关的 ERP 成分的出现，其中 LPP 主要分布于大脑的前额区，并且左右电极的振幅呈现不对称性。对于产品属性所诱发的 LPP，在大脑的前额区右侧电极 LPP 的振幅高于左侧电极 LPP 的振幅；当被试浏览服务内容时，LPP 在脑的前额区左侧电极 LPP 的振幅高于右侧电极 LPP 的振幅。产品属性和服务内容两者诱发的情绪类型则存在差异，产品属性诱发的情绪类型属于消极情绪，服务内容诱发的情绪类型属于积极情绪。消费者在观看产品服务组合中的服务内容时，诱发了显著的 EPN 成分，体现了消费者对服务的评估过程中能够产生早期的情绪效应。伴随 EPN 出现后而诱发的 LPP 则更能够说明服务内容能够诱发消费者的积极情绪。而当产品属性出现时，没有出现 EPN，消费者早期的情绪效应未被诱发，虽然也出现了晚期的正成分 LPP，但这个晚期正慢波的出现则更多体现的是认知的作用。本章的研究证实了消费者在对产品服务组合中两种要素进行评估过程中将会出现不同的情感卷入。本书为评估消费者购买决策过程中的情感卷入问题提供了神经学基础，丰富了对产品服务组合进行评价的方法，为企业创新产品服务组合和设计提供思路。

消费者在网络购物过程中，根据自身的认知能力对网站提供的产品和服务进行选择，但是情绪一直伴随消费者整个购买决策过程，网络购物环境或者网上所提供的产品信息及服务内容将成为诱发消费者情绪的主要因素。积极的情绪体验能够对消费者的购买行为产生积极影响并且提升消费者满意度。伴随着电商平台的激烈竞争和推陈出新，以及网络购物具有的信息多样性的特点，而消费者在进行信息处理过程中的能力是有限的，在这种背景下受消费者有限理性的影响，情绪将会成为引导消费者选择处理信息的重要因素之一，会对购买行为产生更大的影响。因此，卖家应该重视网站所提供产品和服务信息对消费者情绪的诱发，进而促进消费者的购买意愿。在消费者情绪诱因的相关研究中，多数学者考察了在服务业中服务对消费者情绪产生的影响，尤其是当服务失败出现后对消费者情绪和顾客满意度产生的影响。当服务失败后消费者的情绪将会受到影响，学者们验证了服务失败对消费者消极情绪的诱发，并且在不同的行业消费者情绪对满意度的影响也不尽相同。在消费者对产品属性信息和服务信息进行认知和评估的过程中，会根据自身的认知能力、购物经验以及感知价值等进行选择，因此在消费者浏览产品属性的信息和服务内容时所诱发的情绪类型会存在显著差异。消费者的决策过程包含了认知和情绪的交互作用,但由于消费者的内心活动难以解释和量化,通过事件相关电位的研究方法能够一窥消费在购物过程中的情感卷入,为消费者行为和服务创新的研究提供了新的思路,为企业了解顾客的情感体验提供了方法。

第5章 基于脑电信号的消费者对服务内容的情感卷入评估

5.1 引 言

企业向消费者提供的产品服务组合并不是一成不变的，企业会根据市场的变化和消费者的个性化需求不断对产品服务组合中的要素进行调整，促使产品服务组合一直处于不断的演化状态。对于某些面向产品的产品服务系统而言，企业提供产品附加相关的服务，产品仍是主导，在发展过程中服务在产品服务系统中的地位和作用会不断发生变化，经历产品和服务共同作用以及产品成为提供服务的载体的最终状态。例如，奥梯斯电梯公司作为电梯的制造公司，已经成熟地向客户提供电梯相关的维修服务，并且由于其专业化的服务已经能够为公司创造极大的价值，其中服务在公司的收入和利润中占据半壁江山。美国通用汽车公司作为汽车的制造商，在1996年的年利润中就已经实现了41%由产品相关的服务提供，实现了产品和服务相互促进的发展模式。苹果公司在产品服务系统的设计和实施上则更具有竞争优势，并且能够根据产品实施差异化的服务战略，将同种笔记本产品搭配不同类型的服务，如保修期时间的差异，进而满足顾客的需求，这种产品服务组合提升了企业的竞争优势，并且其中的服务能够创造价值。

在产品服务组合中，服务的种类多样化，并且顾客可以根据自身需求对服务种类进行选择，在网络购物过程中，服务内容信息比产品属性信息更容易与消费者形成信息对称，因此通过提供满足顾客个性化需求的服务能够有效地增强产品服务组合的整体价值，企业也可以通过提供服务创造价值，促使提供服务成为增强核心竞争力的重要战略。产品服务组合中的服务设计一方面要体现产品与服务的融合以及服务所发挥的重要作用，另一方面则是体现服务所特有的特点,即通过服务接触展现优良的服务流程和服务风格,以及服务人员的培训等,可见在产品服务组合中如何向顾客提供良好的服务设计是关键。消费者的认知和需求存在较大差异,尤其是对服务的需求将更容易受消费者的个性、生活习惯,以及消费者的动机和态度等因素影响,而服务这一要素又具有无形性和差异性等特点,并且服务质量的感知也会与服务提供者的接触和互动有关,因此如何了解消费者对服务的需求一直是研究的难点。如果企业能够掌握消费者的心理,新的服务可能会改变或者创造消费者的需求,进而形成企业独有的竞争优势。

消费者情绪在消费者购买决策中扮演着重要的角色,甚至影响消费者行为。消费者在追求产品效用的同时更加关注购买过程中的情感经历,诱发消费者的积极情绪也被视为一种新型的营销手段。在制造业服务化的背景下,产品服务系统作为一种新型的商业模式旨在提供各种产品和服务组合,进而充分发挥服务带来的竞争优势的提升。中国的制造业处于转型的关键时期,目前研究多集中于制造业服务化的动机、阻碍和路径等,而从消费者行为的角度对产品服务组合的认知和评估的研究则很少出现。网络购物已经成为中国市场的一种重要购物模式,以淘宝网和京东商城等为代表的电商平台的销售收入在不断创造历史新高。有研究显示,网站所提供的产品和网站的风格不仅能够促使消费者进行购买决策,更能够带来积极的购物经验价值。在网络购物的销售总额中,具有物质形态的产品的销售仍占据较大份额,与产品相关的服务的销售仍处于起步阶段。网络购物平台已经开始通过不同的方式增强其竞争力,2015年京东商城作为中国最大的电商平台之一,已经开始提供与电子产品相关的服务。在网站的页面下,消费者可以如同选择产品属性一样,选择服务的内容,并且进行购买,这对于消费者是一种全新的网购体验,消费者在评估产品属性时也将考虑相关的服务。由于产品和服务之间的差异,学者们研究的内容多集中于单一的产品和服务的评估,而以消费者情绪为视角评估与产品相关服务的研究尚未出现。

神经影像技术的发展促进了脑科学的发展,使脑区的功能定位的研究趋于成熟,ERP的研究方法不仅应用于心理学的研究,也在消费者行为方面有所应用,比如广告、品牌和产品属性等领域的研究,而在服务的认知和评价领域还存在研究的空白。根据神经科学领域的研究,大量学者认为大脑前额区的不对称性与情绪的加工和处理有关。本书利用事件相关电位的研究方法,研究消费者对产品服务组合购买决策过程中的情感卷入,证实服务情感效价存在差异,这将为与产品相关的服务的评估和设计提供新的思路和依据。

5.2　服务感知价值评估的神经学基础

消费者情绪能够影响消费者行为，消费者情绪的诱因一直是学者研究的焦点。诸如产品和品牌都能够在消费者购买决策中诱发情绪。Laros 指出不同类型的广告能够诱发人们不同的情绪。Bitner 提出服务环境能够影响消费者的情绪、认知和心理过程，进而影响消费者行为。Chaudhuri 解释了在购买过程中不同类型的商品也将使消费者诱发不同的情绪类型。Tractinsky 等发现产品类型和网站页面的风格将影响消费者情绪。良好的服务能够诱发消费者的积极情绪，例如在酒店管理的相关研究中指出，服务诱发的情绪将会影响顾客满意，同时也有一部分学者研究指出消费者在旅游过程中的消费很大程度上来自积极情绪的驱动。然而，伴随着制造业服务化的兴起以及产品服务系统的出现，与产品相关的服务也将影响消费者的情绪。服务是产品服务组合中最为灵活和必要的一种要素，吸引消费者的服务的设计一直是学术界关注的焦点。由于服务无形性的特点，导致服务价值具有主观认定性的特点，服务价值也体现为顾客愿意为接收服务所支付的价格。顾客对服务的感知和认同将决定服务价值的大小，指出了顾客在对服务价值感知中所发挥的重要作用，决定服务价值的关键在于顾客的主观认同和满意程度。Brady 对服务质量感知模型进行了创新，提出了消费者对服务绩效的感知，更加重视消费者对服务结果的评价，在量表的开发和使用时规避了对消费者期望的衡量。Butcher 提出消费者对所接受的服务进行感知影响其对服务的忠诚度。消费者对于服务的价值感知将直接影响其购买行为。可见，研究服务对消费者情绪的诱发对于了解消费者行为以及服务创新具有重要意义。

学者除了采用脑电图和脑成像的方法进行认知的心理特征和神经机制的研究外，关于情绪的事件相关电位的研究正在不断出现。研究者多是采用情绪图片或词汇作为刺激材料，分析大脑对不同类型情绪刺激的反应。当被试观看高兴和不高兴的图片刺激时，将会诱发与情绪有关的事件相关电位 EPN 和 LPP，并且积极或消极图片较中性图片能够诱发更大的 EPN 和 LPP 振幅。学者们采用图片或者词汇作为刺激材料，证实了积极或消极的刺激较中性的刺激诱发更大的 LPP 振幅。伴随脑成像技术的应用，额脑不对称的现象被证实，并且学者一直认为这种前额区的不对称与情绪的处理过程有关。这些研究表明，大脑的左前额的活动能够诱发积极情绪，也证实了大脑前额区的不对称与情绪的处理过程有关。当刺激能够诱发人脑情绪时，大脑活动会出现不对称的现象，积极情绪将会更多地激活大脑的左半球活动。

关于产品服务系统的研究已经有所出现，但是在服务的认知和情绪诱发方面尚缺乏神经学的理论支撑，目前尚未出现引用事件相关电位的方法分析消费者对服务内容的评估。在本书中，模拟消费者网络购物的情境，让被试对预设的产品和相关的服务进行购买决策。在呈现与产品相关的服务的刺激时，与情绪有关的 ERP 成分将会在大脑中被反映。在本书中，第一，将明确服务对消费者情绪的诱发进而阐释服务能够提升产品竞争优势的神经机制；第二，在对服务的评估过程中将应用 LPP 的波幅大小衡量消费者情感卷入的程度；第三，证实 LPP 出现在左前额区域，再次证实大脑左前额叶皮层与情绪功能之间的关系。因此，基于消费者情绪伴随决策过程，本书提出假设：当消费者面对服务的刺激时，LPP 将会被诱发；不同情绪值的服务诱发的 LPP 的振幅将存在显著差异，高情绪值服务比低情绪值服务诱发更大的 LPP 波幅。

5.3　服务感知价值评估的实验方法

5.3.1　实验设计

将产品服务组合的内容制作成 BMP 格式的图片，在北京航空航天大学的行为和人因实验室中用 Eprime2.0 软件呈现实验刺激，模拟消费者网络购物过程。在被试进行购买选择的过程中，采用美国 EGI 公司生产的脑电设备进行数据采集。脑电信号的数据采集完成后，被试将填写问卷，问卷的内容是测量实验中与产品相关的服务所诱发的情绪值。问卷中列出的服务内容与实验所使用的刺激完全相同。实验采用单因素实验设计（刺激类型）。刺激类型是被试内变量，有高情绪值服务和低情绪值服务两个水平。实验的自变量为刺激类型，因变量为 LPP 振幅和购买的决策时间。

5.3.2　被试

实验的被试为 21 名来自不同专业的硕士研究生，其中包括 13 名女生，年龄介于 21 岁和 29 岁之间，平均年龄为 25.4 岁。所有的被试视力正常或者经矫正后视力正常，无精神病史或大脑损伤，右利手。每位被试在实验之前被告知了实验的注意事项，以及实验的安全性。每位被试均自愿参加实验，并且签署了实验知情书。其中一名被试在实验过程中信息扰动过大，采样率出现异常，因此该被试的数据没有计入最终的统计分析。因此最终计入数据分析的是 20 名被试的脑电数据和行为数据，包括 13 名女生、7 名男生，平均年龄是 25.4 岁。

5.3.3　实验素材

网络购物平台已经开始通过提供服务来提升竞争优势。京东商城作为中国最大的电商平台之一，自 2015 年开始提供与产品相关的服务的销售，这将引领一种新的服务营销模式。Tukker 将产品服务系统进行了分类，其中以产品为导向的产品服务系统中服务分为两种类型：一是直接与产品相关的服务；二是建议、培训和咨询类的服务。与产品直接相关的服务更加关注产品的使用，而建议、培训和咨询类的服务关注产品和整个产品的使用过程。与产品直接相关的服务包括维修、产品检测、诊断、更新、安装、运输、保养以及零部件供应等。提供建议和咨询类服务的目的在于使产品更有效地被使用，包括通过为消费者提供咨询和培训进而提升消费者的认知能力和为消费者提供产品选择的建议等。根据中国消费品市场的持续增长，电商平台提供产品和服务组合将成为新的亮点。通过对京东商城所销售的电子产品和服务的整理和归纳，在实验中选择了京东网站提供的与产品相关的服务类型。根据中国制造业服务化的趋势以及零售产品的种类，实验的素材确定为家用电器电子产品。根据中国这几类产品 2014 年零售产品的消费总量，我们将实验素材确定为手机、笔记本电脑、数码相机、U 盘、耳机等 12 种商品。

实验素材包括 12 种商品，每种产品提供一种产品属性和一种服务的组合。产品属性和服务内容根据网站的内容提供。例如，笔记本电脑提供 CPU 和内存的产品属性，提供一年的硬件保修和送货上门等服务。在产品属性的选择过程中，为保证产品属性能够符合消费者的期望，先对被试进行了前测，要求被试在网络购物平台上完成这 12 种商品的购买任务,前测被试对这 12 种商品的期望属性。根据被试购买的产品,确定在本实验素材中提供的产品属性,保证产品属性是被试所期望的产品属性。每种产品将对应一种期望产品属性和六种服务。例如笔记本电脑,其中一位被试的期望的产品属性为 Intel 7 CPUs 和 16 GB 的内存,六种服务包括一年的硬件保修、意外损坏保修一年、免费讲座、14 天的无理由退换货、送货上门、清洁保养一年。因此,被试将会看到同一产品的六种不同的产品属性和服务的组合。

根据 Izard 关于情绪的分类和情绪词汇的划分,本书选择 Izard 情绪量表中的基本情绪,选择用高兴、惊奇、兴趣代表积极情绪,针对每种服务内容将会提出关于情绪测量的三个问题,例如"当你在网络购物过程中看到下列服务内容,您感到高兴的程度"。采用李克特七点式量表,分值从 1 到 7,表示完全没有、很低、低、一般、高、很高、非常高。在问卷的选项中,我们根据心理学中描述积极情绪的词汇,采用愉快、惊奇、兴趣描述被试积极情绪的三个维度。通过对问卷数据的统计,对服务诱发的情绪值进行了平均和排序。根据问卷的结果,将 72 轮测试中的服务按照分值划分为两类,包括 24 种诱发情绪值最高的服务和 24 种诱发情绪值最低的服务。

5.3.4　实验程序

实验在北京航空航天大学行为和人因实验室中进行,实验室的亮度等自然环境符合进行 ERP 实验的条件。在实验前,指导被试将左、右食指分别放在键盘的 F、J 键上,以便做出购买决策。实验前被试了解了 ERP 实验的注意事项。实验的刺激包括 72 种产品属性和服务的组合,具体表现为 12 种产品×1 种期望产品属性×6 种服务。实验中刺激的呈现顺序如图 5-1 所示。每次实验首先呈现"+"图片,持续时间为 2000 毫秒;其次呈现产品名称图片,持续时间为 2000 毫秒;再次呈现期望产品属性图片,持续时间为 2000 毫秒;然后呈现服务图片,持续时间为 2000 毫秒;最后呈现被试进行购买决策的图片,写明愿意购买该产品请按 F 键,否则按 J 键,持续时间为 4000 毫秒,之后进入下一轮测试。实验中产品和服务的组合随机呈现。在实验指导语中介绍了被试需要完成的任务,即通过浏览产品属性和服务做出是否购买的决策,并且提示被试尽快做出决策,如果选择购买按 F 键,不购买则按 J 键。在正式数据采集前,每位被试均进行了 5 次练习,练习后每位被试都独立进行了 72 次的测试。实验刺激呈现顺序见图 5-1。

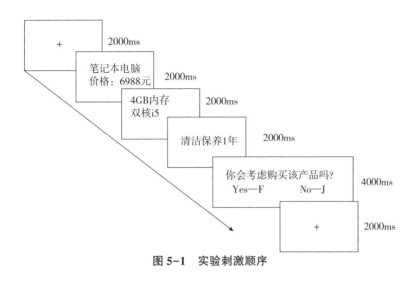

图 5-1　实验刺激顺序

5.3.5　EEG 记录与分析

实验的刺激呈现运用 E-prime2.0 软件进行编程，运用 Net Station4.3.1 脑电记录分析系统记录和分析 EEG 数据。被试将佩戴 64 导电极帽，参考电极为 Cz 点，采样频率为 500Hz。E-prime 软件将记录被试的行为数据，包括被试的反应时间和输入的数值等。采集的 EEG 数据将通过滤波，分段，剔除伪迹，基线校正，总平均叠加，最终得到高情绪值服务和低情绪值服务两种条件下的 ERP。采用无相移数字滤波的模式，将 EEG 数据进行了低通 30Hz 的数字滤波。根据对服务划分的标记，将 EEG 进行分段，分为高情绪值服务和低情绪值服务两段，截取刺激发生前 200 毫秒，刺激后取 800 毫秒。其中被试伴有眨眼（±140μV）和眼动（±55μV）等伪迹的数据被剔除。最终按照分段的数据分别进行平均叠加，得到两种条件下的 ERP，并参考刺激出现前 200 毫秒的脑电波形进行基线校正。对于不同条件下 ERP 振幅的比较将采用组内单因素重复方差检测的方法。方差分析的因素包括实验条件（高情绪值服务和低情绪值服务）和电极位置（F1、Fz、F3、AF3、AFz、F5、FCz、FC1、FC3）。

5.4 数据分析

5.4.1 脑电数据分析

当服务的刺激呈现后,每种服务条件都诱发了晚期正成分,即 LPP(潜伏期为 520~660 毫秒),这种 ERP 成分分布于左前额区域。图 5-2 呈现了两种条件的服务(高情绪值服务、低情绪值服务)在左前额区域(AF3、AFz、Fz、F1、F3、F5、FCz、FC1、FC3)的总平均 ERP 波形,如图所示,两种服务诱发的 ERP 波形在 500 毫秒之前并无显著差异,而在 500~600 毫秒高情绪值服务的 LPP 振幅与低情绪值服务的 LPP 振幅存在差异。为了评估消费者对不同服务的情感卷入程度,对两种不同情绪值条件的服务在 500~600 毫秒的时间窗口下的 LPP 波形分别做平均,进行 2(2 种情绪值的服务刺激)× 9(9 个电极位)被试内重复测量方差分析,表 5-1 展示了高、低情绪值服务在左前额区域电极的 ANOVA 分析结果。分析结果表明,在 500~600 毫秒时间窗口内,高情绪值服务与低情绪值服务诱发的 LPP 振幅存在显著差异 [$F = 77.756$,$P = 0.000$],不同电极之间的振幅存在显著差异 [$F = 5350.019$,$P = 0.000$],不同条件和电极之间的交互效应也显著 [$F = 33.452$,$P = 0.000$]。脑地形图的结果与 ANOVA 分析结果一致,图 5-3 为 550 毫秒时的两种不同情绪值服务刺激的脑地形图,清楚地呈现了左前额区域波形的诱发,LPP 主要分布于左前额区域,其中高情绪值服务所诱发的 LPP 的振幅高于低情绪值服务所诱发的振幅,大量学者认同左前额区域与大脑的情绪处理有关。

表 5-1 高、低情绪值服务刺激下大脑左前额区域 LPP 均值
(方差)描述统计

电极	低情绪值服务	高情绪值服务	F 值	P 值
Fz	5.24(0.28)	6.78(0.33)	638.086	0.000
F1	5.09(0.17)	6.26(0.45)	300.777	0.000

续表

电极	低情绪值服务	高情绪值服务	F 值	P 值
F3	2.87（0.13）	4.51（0.21）	67.140	0.000
F5	2.76（0.21）	4.03（0.34）	510.053	0.000
AFz	6.35（0.28）	8.19（0.45）	604.750	0.000
AF3	5.47（0.18）	7.18（0.47）	578.011	0.000
FCz	1.98（0.09）	2.73（0.23）	466.490	0.000
FC1	1.34（0.07）	1.79（0.09）	700.993	0.000
FC3	1.69（0.09）	2.10（0.27）	101.767	0.000

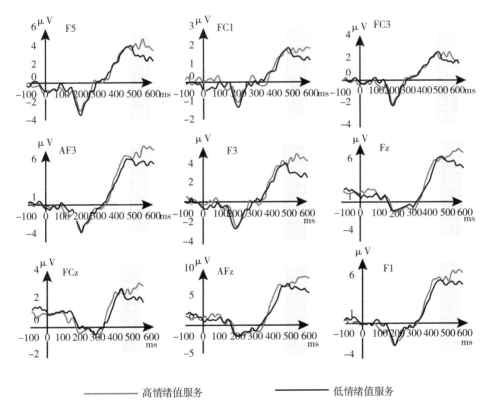

———— 高情绪值服务　　　　　———— 低情绪值服务

图 5-2　高、低情绪值服务刺激下左前额区九个电位的总平均 ERP 波形

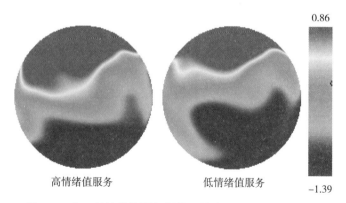

高情绪值服务　　　　　低情绪值服务

图 5-3　高、低情绪值服务刺激下的脑地形图（550 毫秒）

5.4.2　行为数据分析

所有被试都在规定的时间内进行了购买决策，因此所有的行为数据均有效。运用 SPSS 18.0 对行为数据进行统计分析，结果显示，附加低情绪值服务的产品的平均购买率为 32.98%，而附加高情绪值的产品平均购买率为 56.07%。其中产品购买率是指被试选择愿意购买的产品在总产品中所占的比重。在附加两种情绪值的服务后，对被试的购买决策进行方差分析，F 检验结果显示两者具有显著差异，显示服务的内容对购买决策存在显著影响。被试的购买确定率是指在所有购买的产品中属于附加高或低情绪值服务所占的比例。通过统计分析发现，在总的购买产品比率中，62.32% 购买的产品是附加的高情绪值服务，34.34% 附加的是低情绪值服务。F 检验显示，在附加高情绪值服务的条件下，被试对附加低情绪值服务的产品的平均购买反应时间为 699.74 毫秒，对附加高情绪值的产品的平均购买反应时间为 624.88 毫秒。在两种服务的刺激条件下，被试的反应时间无显著差异。由于实验中的产品属性均为被试期望的产品属性，通过对行为数据的分析，发现高情绪值的服务对购买具有一定的促进作用。

5.4.3　结果讨论

在本书中，实验所采用的产品服务组合仍然属于以产品为主体的产品服务系统。根据 Tukker 将产品服务系统进行的分类，以产品为导向的产品服务系统中服务分为两种类型：一是直接与产品相关的服务；二是建议、培训和咨询类的服务，本实验研究中的服务包含这两种服务类型，既包括安装、维修等直接与产品相关的服务，又包括了培训和建议等作用于产品使用过程中的服务。服务的种类多样，企业会通过采用差异化的服务提升竞争力。在产品服务组合中，当产品属性都符合消费者期望时，服务的差异则会成为影响消费者决策的关键原因。当同种产品属性与不同的服务进行组合时，消费者的购买决策会因服务的不同而产生差异。根据第 3 章的结论，服务能够诱发积极情绪，因此在本书中对服务所能够诱发的情绪进行测量，将服务按照其所诱发的情绪值的高低进行分类，验证服务的情感效价。本书中对服务的类型进行了扩展，主要是由于服务的种类多样，能够使消费者或者物品状态改变或者改善的程度不同，服务的差异也能够使消费者产生不同的享受类价值。这在通过问卷对服务的情绪值进行衡量的过程中保证了问卷的效度，能够对服务所诱发的情绪值进行良好的区分。在实验的产品服务组合中，价格的设定包含了产品和服务的价格，由于服务类型多样，包括提供建议、免费讲座和培训等，在服务所诱发的情绪问卷调查中，建议、培训和咨询类的服务所诱发的情绪值较高。主要是由于与产品相关的诸如安装和维修等服务所带来的是物品状态的改变，消费者能够通过服务描述产生直观感受，因此诱发一定的积极情绪。而关于建议、培训和咨询类等服务作用的对象是消费者本人，服务价值体现在了对人的状态的改变，同样是服务人员通过劳动力创造价值，但是这类服务能够改善消费者自身的物理状态或者精神状态，使消费者切身感受服务价值所带来的收益，因此这类服务能够诱发较高的情绪值。

本书对大脑左前额区所诱发的事件相关电位进行了分析，主要是由于在人脑处理与情绪有关的刺激材料时能够使大脑出现左右不对称的现象。额脑不对称现象即当特定刺激出现后大脑的前额区被激活呈现左右不对称现象，并且这一现象被认为与情绪加工处理过程有关。一些研究发现，大脑左前额区域的激活主要与积极情绪的处理有关，其中 Davidson 发现积极的电影片段能够使大脑的左前额被激活。Davidson 关于行为的研究发现大脑左侧区域的活动会表现为接受的倾向，而右侧区域的活动则表现为规避倾向。仍有大量学者采用情绪图片或者作为刺激材料，当积极的情绪刺激呈现时，大脑的左额叶和左颞叶皮层被激活，证实了额叶和颞叶区域对情绪加工的重要作用。可见，关于脑电图和神经影像方面的研究显示，大脑左前额区域的活动与积极情绪的加工处理有关，而服务所诱发的情绪类型经过问卷测量属于积极情绪，因此在本书中选择了左前额区域电极的脑电信号数据进行分析。

当被试对服务内容进行选择时,服务内容刺激诱发了 LPP 成分,并且不同情绪值的 LPP 振幅存在显著差异,具体表现为高情绪值服务诱发的 LPP 振幅显著高于低情绪值服务所诱发的 LPP 振幅。LPP 振幅的大小反映了情感卷入的程度,更大的 LPP 振幅说明了当消费者在进行购买决策过程中,观看高情绪值的服务时可以诱发更强的积极情绪。基于实验后测的服务诱发的情绪值,可以明确本书中的服务所诱发的情绪均属于积极情绪。研究结果一方面证实了积极情绪将诱发大脑左前额的活动,另一方面证实了由服务诱发的情绪效价可以通过左前额区 LPP 振幅的大小来衡量。一些学者通过 EEG 的研究发现,富有情感色彩的图片或者词汇刺激能够诱发晚期的 ERP 成分。在对情绪图片的 ERP 研究中,高兴的图片比中性的图片诱发更大的 LPP 振幅,反映了积极情绪的神经机制。在本书中,高情绪值服务诱发了更大振幅的 LPP,也证实了 LPP 振幅的大小与情感效价大小之间的关系,为服务价值的感知提供了神经学依据,当消费者对服务价值进行主观评价时,传统的方法难以对消费者的心理活动进行衡量,本书通过以情绪诱发为切入点,能够从消费者情感卷入的角度为消费者对不同服务进行评估和选择时提供参考依据,有助于企业对服务价值的评定并且能够为服务设计提供思路。

产品服务组合中的服务与服务业所提供的服务存在差异。在产品服务组合中,尽管在不同的发展阶段产品和服务的融合程度不同,会出现以产品为主体和以服务为主体的产品服务组合模式,但服务与产品之间存在着紧密的联系,服务无法脱离产品而独立存在和销售。在产品服务组合中,由于产品的属性和功能既定,产品质量和产品所带来的价值在消费者的价值感知中已经很难产生额外的收益,尤其是本实验所研究的普通电子产品和家用电器类产品。而在产品服务组合中,服务的种类多样化,并且顾客可以根据自身需求对服务种类进行选择,在网络购物过程中,服务内容信息比产品属性信息更容易与消费者形成信息对称,因此通过提供满足顾客个性化需求的服务能够有效地增强产品服务组合的整体价值,企业也可以通过提供服务创造价值,促使提供服务成为增强核心竞争力的重要战略。产品服务组合中的服务设计一方面要体现产品与服务的融合以及服务所发挥的重要作用,另一方面则是体现服务所特有的特点,即通过服务接触展现优良的服务流程和服务风格,以及服务人员的培训等,可见在产品服务组合中如何向顾客提供良好的服务设计是关键。消费者的认知和需求存在较大差异,尤其是对服务的需求将更容易受消费者的个性、生活习惯,以及消费者的动机和态度等因素影响,而对于服务这一要素又具有无形性和差异性等特点，并且服务质量的感知也会与服务提供者的接触和互动有关，因此如何了解消费者对服务的需求一直是研究的难点。如果企业能够掌握消费者的心理，新的服务可能会改变或者创造消费者的需求，进而形成企业独有的竞争优势。相反，如果服务的提供不能够使消费者获得明显的状态的改善或者收益的增加，企业将会难以获得服务所创造的价值。

消费者情绪在购买决策过程中发挥重要作用，而消费者在产品服务组合的选购过程中，服务在诱发消费者的积极情绪上发挥着不可替代的作用。服务与产品之间存在本质的差异，而服务的评价方法仍多局限于消费者的期望和实际收益之间的差异，缺乏消费者对服务的客观的评价标准。消费者对服务的评价往往采用问卷调查的方法，但是这种方法多是事后测量，难以反映消费者在面对服务时的真实情感。采用 ERP 的研究方法，模拟网络购物的情境，利用大脑中与情绪处理有关的区域，将服务按照实验后测的情绪值进行分类，可以比较不同服务所诱发的情绪的差异。由于情绪在刺激出现后会迅速被诱发，因此情感反应在购买决策过程中的作用不可忽视。由服务所诱发的情感将会潜在地影响消费者对产品服务组合的评估和购买决策。本书通过应用事件相关电位的研究方法，通过 LPP 振幅的差异解释了不同服务内容所产生的情感效价的差异。运用了脑成像技术中的研究成果，尤其是前额叶皮层是与奖赏有关的脑区这一研究发现，为研究消费者主观心理活动提供了神经学基础。与消费者主观因素相关的变量则难以通过传统的研究方法进行测量，通过神经营销学的研究方法可以窥探消费者在对服务进行评估时的大脑对信息的加工处理过程，应用事件相关电位在心理学上关于情绪研究的成果，测量情感效价，进而通过事件相关电位的脑区分布解释消费者心理和情感。在本实验中得出的研究结论能够运用于企业对消费者情绪的测量，促进较为客观的评价标准的形成。

5.5　本章小结

本书通过应用神经营销学的研究方法，以经济学和管理学中消费者认知和消费者情绪的理论作为研究基础，主张学者们提出的非理性经济人的假设，消费者情绪影响消费者行为，以及关于服务价值感知主观评价的理论，应用脑成像技术和脑电图领域关于情绪的研究成果，从情感卷入的角度探讨了消费者对于产品服务组合中对服务价值的感知和评价,以及其对购买决策行为产生的影响。具体表现为运用事件相关电位的方法对消费者网络购物的情感卷入进行了研究,主要结论是在消费者进行网络购物的过程中,与产品有关的服务能够诱发与情绪有关的 ERP 成分,这为评估产品服务组合提供了一种情绪测量的新维度,为产品服务组合的购买决策提供了一种神经学依据。同时依据不同服务诱发的情感效价的差异,将有助于制造业企业提供吸引消费者的服务设计和服务创新。附加服务能够提升产品的竞争优势同时提升顾客满意度,但是对消费者如何对产品服务组合进行评估,以及服务产生竞争力的根源一直缺乏研究。

本书旨在为产品服务组合提供一种来自情绪的评估方法,运用事件相关电位的研究方法对消费者面对不同的产品和服务刺激的情绪反应进行监测,进而揭示情绪对消费者决策产生的影响。本书发现了与产品相关的服务能够诱发大脑左前额区域的 LPP 成分,客观地证实了与产品有关的服务能够诱发消费者的积极情绪。与产品有关的服务都能够诱发 LPP,而在实验后测中获得高情绪分值的服务诱发的 LPP 的振幅则显著高于低情绪得分的服务。实验结论有助于说明不同服务的情感效价,进一步阐释了消费者在产品服务组合的购买过程中情绪的诱发以及情绪对购买决策产生的影响。消费者的决策过程极为复杂,包括认知和情绪的交互作用,以往的研究更多集中于消费的认知过程,本书则以情绪的诱发为主要视角,一窥消费者对产品服务组合的购买决策过程。

由于中国的制造业服务化仍然处于初级的发展阶段,企业关于服务内容的设计和提供也正处于不断发展的状态。根据网络购物平台提供的产品服务组合的发展趋势可以发现,网络购物平台所提供的服务的种类和形式在不断地发展和更新。企业开始通过提供服务的方式为消费者增加价值,基于消费者对服务主观的价值感知,因此需要掌握消费者的心理诉求和情感诉求。产品服务组合的销售过程中一般会包含产品所有权或使用权的转移,企业会与消费者通过各个环节的活动取得联系,服务则会促使产品或者消费者的状态发生改善,企业通过分析获得能够使消费者获得最大价值感知的服务环节至关重要,这有助于企业竞争力的培养以及服务定价。

关于服务价值感知,学者们提出的评价标准一方面包括衡量消费者对服务质量的期望收益和实际收益,比较两者之间的差异,另一方面是通过消费者主观的认知和情绪等态度对服务价值进行感知和评价。服务价值感知是企业对其推出的服务内容进行评价的关键指标,企业期望通过客观的评价方法了解消费者行为,而由于服务具有无形性的特点导致评价服务质量一直缺乏客观依据。

影响服务价值感知的因素很多，包括服务提供者的素质、服务的便利性以及服务的可靠性等，而消费者对服务的预期也由于经验和认知水平等存在较大差异，因此通过比较消费者对服务质量预期和实际收益的方法来评价服务价值感知具有一定的局限性。而关于消费者通过主观评价对服务价值进行感知的研究中难以对变量进行客观的测量，本书运用事件相关电位的研究方法从消费者情绪诱发的角度对消费者对服务内容的价值感知进行评估和衡量，为企业在产品服务组合中的服务设计提供理论指导。

第6章 基于脑电信号的消费者对产品服务组合的认知

6.1 引 言

制造业服务化已经成为中国制造业转型的路径之一，企业已经开始通过提供产品服务组合来提升竞争优势。产品服务组合的形式和融合的程度在不断发展变化，以产品为主体的产品服务组合可以在提供产品的基础上提供附加的服务，例如维修和安装等，以服务为主体的产品服务组合，产品成为提供服务的载体，可以表现为企业保留产品的所有权，向用户提供产品的功能，例如租赁服务或者用销售洗衣服务代替销售洗衣机等。这种以服务为主体的产品服务组合形式成为了主导，产品的目的是支持服务。以产品为载体提供的服务正在不断出现，也是面向产品的产品服务系统不断向面向结果和应用的产品服务系统演化的结果。这种新兴的产品服务组合形式将使消费者对传统产品的认知发生改变，并且促使消费行为发生变化。伴随着网络购物的兴起，电商平台也已经开始提供产品服务的组合，除了京东商城开始提供与产品相关的服务的销售外，O2O线上网店到线下消费的电子商务模式为产品服务组合提供了新的实现方式。例如提供洗衣服务、租车服务、汽车保养服务等产品服务组合模式正逐渐改变消费者对传统产品消费的认知。E袋洗提供上门取送等私人洗衣服务；养车无忧和"卡拉丁"等提供上门汽车保养和修理服务；ofo bicycle 共享单车平台，在校园现场提供使用微信公众号租自行车服务。因此，通过研究消费者对不同产品服务组合的认知能够指导企业的产品服务组合创新。

消费对产品服务组合的价值认知在消费者行为中发挥重大作用，直接指导消费者购买决策。目前网络购物已经越来越得到消费者的认可，但是由于不断推陈出新的产品服务组合的出现将会再次影响消费者的认知，尤其是在网络平台上对产品服务组合的购买。本书将在传统的消费者对产品或者服务价值感知的相关研究的基础上，分析消费者对在线购买产品服务组合的认知。服务价值往往取决于顾客主观的感知和认同，由于在产品服务组合中服务的提供将依附于产品，不同类型的产品服务组合中产品的所有权是否发生转移也不尽相同，因此分析顾客对产品服务组合的价值认知具有重要意义。产品服务组合的出现将会区别于消费者对传统的单一产品或服务的选择，这一购买决策过程将体现消费者认知和情绪的交互作用。

通过采用事件相关电位的研究方法，模拟网络购物环境实现被试对产品与服务组合的购买。关于 LPC 或者 LPP 的最新研究中显示，LPC（本章应用 LPC）可以划分为两个子成分，中央区的 LPC 由具有显著影响效应的刺激诱发，枕区的 LPC 则主要与努力和控制过程有关。这反映了认知和情感的处理过程，LPC 能够根据其被诱发的脑区定位对认知和情感处理过程加以区分。LPC 在加工处理情感和非情感刺激时都会调用大脑中的认知资源，即情感处理过程也将同时伴随认知处理过程，但是 LPC 的效价将会存在差异，LPC 可以反映认知需求和情感内容。LPC 在本质上属于 P3 家族，其中应用最为广泛的 P300 与注意、辨认、决策、记忆、情感等重要功能有关。大量关于 P300 的研究证实了它与认知神经活动有关，其中振幅反映了注意资源的分配，被试对刺激分类的时间则通过潜伏期表现。本书通过采用与认知和情绪有关的 ERP 成分分析产品服务组合中的服务价值和服务成本，能够探寻并解释消费者对不同产品服务组合购买时的认知和情绪的交互作用，为研究消费者对产品服务组合的感知价值提供了心理和神经机制，有助于企业采用有效的服务营销方法提升消费者的认知能力，促进销售。

6.2　产品服务组合认知的神经学基础

产品服务系统是提供非物质化的产品和服务的解决方案，Tukker 将产品服务系统进行了分类，划分为以产品为导向的产品服务系统、以应用为导向的产品服务系统和以结果为导向的产品服务系统。以产品为导向的服务系统是提供产品同时附加额外的服务，用户接受产品的同时使用企业提供的服务，例如维修和安装等。以应用为导向的产品服务系统是产品功能同附加的服务一起销售给消费者，也可以表现为企业保留产品的所有权，只销售产品的功能，例如租赁服务。面向结果的产品服务系统是向用户销售具体的结果和功能，产品的所有权归企业，用销售具体的能力取代产品，例如用销售零件替代制造设备、用销售洗衣服务代替销售洗衣机。制造企业进行服务化转型的初级阶段实施的模式一般表现为以产品为导向的服务化模式。在这种模式中，制造企业可以在产品生产的基础上提供支持产品使用的相关服务，企业仍以产品生产为主，产品的所有权归顾客所有，企业提供附加服务的设计，例如比较常见的安装和维修。在以产品为导向的产品服务组合中，可以依据产品的不同类型提供不同的服务。在产品的生命周期各阶段提供可维护性的设计，主要适用于可维修的产品，服务化的模式包括产品维修的设计、战略、控制、结果评估，以及产品可维护性改进和执行等。产品导向模式更加关注对产品的支持，不仅包括维修和修护，还包括安装、培训、零部件和辅助产品的提供、客户咨询和质量保证计划。制造业服务化的高级阶段提供服务为导向产品服务组合，产品成为提供服务的载体，企业实现制造商向服务商的转变，服务成为企业的主导，产品的目的是支持服务。学者们已经对产品或者服务的感知价值进行了比较系统的研究，但是将产品服务组合整体作为一个研究对象，分析产品附加不同的服务后感知价值的差异的研究则很少出现。

目前神经营销学已经应用在品牌理论和消费行为等领域，应用脑科学探寻潜意识中的需求，解释消费者行为的心理机制和神经机制。脑成像技术和功能性核磁共振的应用促进了脑区功能的界定，例如前额叶皮层与注意和情感的调度有关，枕叶是大脑的视觉中心，与认知资源的调节有关，位于颞叶的海马体与记忆有关等。当人们接受正性刺激时，诸如奖励、食物、风景等能够激活腹内侧前额叶皮层的活动。例如在著名的可乐的脑成像实验研究中，品牌与味觉相比能够激活更高级的认知区域。在关于汽车品牌的实验中发现，名牌汽车商标能够刺激被试的大脑内侧前额叶皮质的神经元的活动，这反映了神经营销学在消费者认知上的应用。前扣带皮层则与高级认知和情绪加工有关。在心理学和消费者行为的相关研究中，P3 家族波会根据潜伏期和脑区的分布细分为几种不同的成分。Squires 和 Hillyard 对 P3 波进行了区分，指出 P3a 成分的出现及在额区所呈现的最大振幅，以及 P3b 成分和其在顶区所呈现的最大振幅。当新异刺激被察觉时能够诱发 P3a，具体表现为大脑激活的区域为前额叶，P3b 则是当工作记忆的背景更新时被诱发，主要分布于顶区。ACC 对于 P3a 和 P3b 的诱发和活动发挥重要作用，当 P3a 通过 ACC 以及相关结构的活动而诱发，这一注意驱动的神经活动被传到顶区，启动与记忆有关的存储机制，P3b 则通过顶区的活动而产生。P300 被认为是 ERP 成分中最为重要的成分之一，研究表明 P300 与注意、辨认、决策、记忆、情感等重要功能有关，潜伏期一般在 300 毫秒，甚至更长，通常分布于中央区和顶区，大量研究认为其是与认知和评估决策相关的事件相关电位成分。关于 P300 的研究证实了它与认知神经活动有关，其中振幅反映了注意资源的分配，被试对刺激分类的时间则通过潜伏期表现。P300 的波幅说明了被试对注意资源的分配，它的潜伏期则说明了被试对刺激进行分类所用的时间。目前 P300 已经用于评估品牌的延伸效果和判断分类加工过程，对于知名品牌的延伸与非知名品牌的延伸刺激所诱发的 P300 存在显著差异，体现了 P300 在消费者认知和信息加工中的应用。同时 P300 也用于分析消费者对于期望产品属性和非期望产品属性的认知，其中期望产品所诱发的 P300 与非期望的产品属性所诱发的 P300 存在显著的差异。关于 P300 的研究中，有研究者认为当被试观看刺激后，新的信息在经过认知后更新至原有的记忆中，因此在认知过程中产生的 P300 振幅越大，刺激越可能被记住，这也在一定程度上解释了 P300 与记忆有关。

P3 家族波一直是学者们关注的焦点，P3 家族波能够根据其子成分诱发的区域反映人们的认知和情感加工处理过程，反映人们面对刺激时的心理过程和神经机制，其中 LPC 或者 LPP 也有研究显示其属于 P3 家族波，即在 250~500 毫秒后出现的正慢波。当潜伏期更长时，LPC 则区别于 P3。关于 LPC 或者 LPP 的最新研究显示，LPC 可以划分为两个子成分，中央区的 LPC 由具有显著影响效应的刺激诱发，枕区的 LPC 则主要与努力和控制过程有关。这反映了认知和情感的处理过程，LPC 能够根据其被诱发的脑区定位对认知和情感处理过程加以区分。LPC 在加工处理情感和非情感刺激时都会调用大脑中的认知资源，即情感处理过程也将同时伴随认知处理过程，但是 LPC 的效价将会存在差异，LPC 可以反映认知需求和情感内容。大量认为 LPC 与情绪加工处理有关的研究显示，LPC 成分在时间进程上是从 300 毫秒开始，一般可以持续到 1000 毫秒左右，这一时间范围内的脑电位是参与情绪深度加工的主要成分。学者的研究中指出 LPC 体现了人对情绪主观评价过程中的大脑激活的机制，并且代表了大脑对情绪刺激的处理以及被情绪刺激所调用的注意资源的分配。实验结果显示，带有情绪刺激的图片诸如面孔图片等，所诱发的 LPC 的振幅将高于中性情绪图片，在脑区分布上 LPC 主要分布于额区和中央区。在对面孔刺激进行了分类和加工的实验中，将其划分为恋人面孔、朋友面孔和陌生人面孔，并采用事件相关电位的方法将三类面孔所诱发的 LPC 振幅进行了比较，结果显示恋人面孔所诱发的 LPC 振幅高于其他面孔所诱发的波幅，反映了 LPC 能够衡量人们对于情绪刺激所卷入的程度。LPC 也与认知处理过程有关，在与情感刺激任务相关的实验中，当被试要求记忆更多的字母时，伴随着认知过程的处理 LPC 振幅减弱。当被试直接要求接受一部分难以引起注意的令人反感的图片时，LPC 将会减弱。这与早期的 ERP 成分与情感刺激有关的结论相反，说明 LPC 也能够加工处理早期的认知过程。情绪化的刺激所诱发的 LPC 被认为是较为灵活和复杂的处理过程，而作为必要的认知过程将会早于情感的处理过程。

本书应用事件相关电位的研究方法，模拟在线购物过程，分析消费者在购物过程中对不同产品服务组合的认知和情绪差异，以及消费者对不同产品服务组合的购买决策，分析消费者对产品服务组合的价值感知。在本书中选择以服务为主体的产品服务组合形式，由于这种产品服务组合正处于新兴的发展阶段，消费者对其的认知也存在较大的差异，掌握消费者对于这种产品服务组合进行购买决策时的认知和情绪的交互作用，对于研究和设计新的产品服务组合具有重要的现实意义。本章将利用与认知枕区和与情绪有关的额区和额区及中央联合区的 ERP 成分，综合分析消费者对产品服务组合的评估。根据消费者对感知价值的评价主要来自价值和成本的差异，本章将利用事件相关电位的方法分析消费者对产品服务组合所能够提供的价值和支付的成本，研究消费者在购买决策过程中的认知和情绪的交互作用。本书采用产品服务组合单因素实验设计，其中产品服务组合中所提供的服务是被试内变量，分为服务成本和服务价值 2 个水平。实验的自变量为产品服务组合中的服务内容，因变量为被试观看服务刺激的 LPC 振幅。实验假设：

H_1：在额区服务价值所诱发的与情绪有关的 ERP 成分与服务成本所诱发的 ERP 成分存在显著差异，服务价值诱发的 LPC 振幅高于服务成本的 LPC 振幅。

H_2：在枕区服务价值所诱发的与认知有关的 ERP 成分与服务成本所诱发的 ERP 成分存在显著差异，服务成本诱发的 LPC 振幅高于服务价值的 LPC 振幅。

6.3　产品服务组合认知的实验方法

6.3.1　实验设计

由于产品服务系统按照产品与服务结合的程度可以划分为不同的种类，不同的产品服务组合中服务所发挥的作用和地位有所不同，体现了产品服务化的过程。在产品与服务不断融合的过程中，初级的产品服务组合表现为企业向顾客提供产品服务包，中级的产品服务组合则向客户提供基于物品的服务或功能，最终阶段将演化成物品成为企业提供服务的载体，服务演化成为销售的主体。消费者由于教育背景、经验和阅历的不同，将会对不同的产品服务组合的认知产生差异。本书选择服务化程度较高的产品服务组合，主要是面向服务的产品服务组合。通过对产品服务组合中服务价值和服务成本的描述，分析被试在购买决策过程中的认知和情绪差异。实验采用单因素实验设计（刺激类型）。刺激类型是被试内变量，有服务价值和服务成本两个水平。实验的自变量为刺激类型，因变量为 LPC 振幅和电极位置。被试将被要求模拟购买产品服务组合，在北京航空航天大学的行为和人因实验室中用 Eprime2.0 软件呈现实验刺激，在被试进行购买选择的过程中，采用美国 EGI 公司生产的脑电设备进行数据采集。

6.3.2　被试

21 名硕士研究生作为实验的被试，他们来自不同的专业，其中 12 名女生，年龄介于 22 岁和 28 岁之间，平均年龄为 24.4 岁。所有的被试视力正常或者经矫正后视力正常，无精神病史或大脑损伤，右利手。每位被试在实验之前被告知了实验的注意事项，以及实验的安全性。每位被试均自愿参加实验，并且签署了实验知情书。其中一名被试在实验过程中问卷信息回答遗漏，将其数据信息删除，因此最终计入 20 名被试的数据，包括 11 名女生、9 名男生，平均年龄是 24.1 岁。

6.3.3 实验素材

产品服务组合已经成为网络购物平台销售的新形式,本书将采用京东商城提供的电子产品的产品服务组合和目前新兴的O2O模式下的产品服务组合的提供。根据中国电子产品2014年零售产品的消费总量以及京东商城的销量,将实验素材确定为面向服务的产品服务组合,包括E袋洗、ofo bicycle 共享单车平台、呱呱洗车、神州专车、卡拉丁等6种,每种组合提供6个方面的服务价值和6个方面服务成本描述。例如,E袋洗的服务描述包括提供上门取送洗衣服务;提供上门取送洗鞋服务;提供上门取送皮包养护服务;提供上门取送高端服饰的洗护服务;提供上门取送奢侈品皮具养护服务;制定洗衣法和质量标准,对清洗流程有严格要求,保证清洗品质。服务成本包括手机 APP 预约下单;按袋洗,99元每袋;按件洗,9元每件,19元每件,29元每件;高端洗护按件洗,38元起;奢侈品皮具养护,100元起。

6.3.4 实验程序

实验在北京航空航天大学行为和人因实验室中进行,实验室的自然环境能够保证 ERP 实验的顺利进行。实验前被试被告知了实验过程中的注意事项,当被试佩戴电极帽后,指导被试将左、右食指分别放在键盘的 F、J 键上,以便按照实验指导语进行购买决策。实验指导语见图 6-1。实验的刺激包括 6 种产品服务的组合,具体表现为 6 种产品×(6 种服务价值+6 种服务成本)。实验中刺激的呈现顺序如图 6-2 所示。每次实验首先呈现 "+" 图片,持续时间为 2000毫秒;其次呈现产品名称图片,持续时间为 2000 毫秒;再次呈现服务内容图片,持续时间为 2000 毫秒;然后呈现服务价格图片,持续时间为 2000 毫秒;最后呈现被试进行购买决策的图片,写明愿意购买该产品请按 F 键,否则按 J键,持续时间为 4000 毫秒,之后进入下一轮测试。实验中产品和服务的组合随机呈现。在实验指导语中介绍了被试需要完成的任务,即通过浏览服务内容做出是否购买的决策,并且提示被试尽快做出决策,如果选择购买按 F 键,不购买则按 J 键。在正式数据采集前,每位被试均进行了 5 次练习,练习后每位被试都独立进行了 72 次的测试。

欢迎你参加我们的实验!

　　实验首先在电脑屏幕出来一个红色"+"注视点,提醒你开始实验,并集中注视电脑屏幕中央。接着呈现一种服务及相关的服务内容,请你判断是否会考虑购买该服务,如果考虑购买请你按键盘上的"F"键;如果不考虑购买请你按键盘上的"J"键。实验呈现时间很短,请你集中注意,尽快做出判断。

　　明白上述指导语后,请你坐好,将双手放在键盘上,把左手的食指放在"F"键上,右手的食指放在"J"键上,实验要求你使用这两个键回答问题。记住,左手做"考虑购买"的判断。右手做"不考虑购买"的判断。

　　准备好后,现请你按右手食指的"J"键开始练习,然后进入正式的实验。

图 6-1　实验指导语

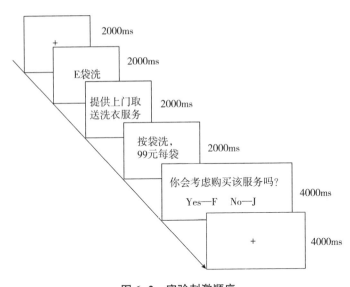

图 6-2　实验刺激顺序

6.3.5　EEG 记录与分析

　　实验的刺激呈现运用 E-prime2.0 软件进行编程,运用 Net Station4.3.1 脑电记录分析系统记录和分析 EEG 数据。实验被试在进行购买决策时,运用美国

EGI 公司的脑电设备对脑电信号进行数据采集,被试将佩戴 64 导电极帽,按照国际 10-20 系统来放置电极,参考电极为 Cz 点,采样频率为 500Hz。电极帽与 Net Amps 300 放大器相连接,采样频率为 500Hz。对脑电波采用无相移数字滤波模式,滤波器为有限冲激响应数字滤波器,滤波带通为 0.03 ~ 100Hz。E-prime 软件将记录被试的行为数据,包括被试的反应时间和输入的数值等。采集的 EEG 数据将通过滤波,分段,剔除伪迹,基线校正,总平均叠加,最终得到两种条件下的 ERP。对数据采用无相移数字滤波的模式,将 EEG 数据进行了低通 30Hz 的数字滤波。实验刺激通过 E-prime2.0 软件呈现,该软件能够记录被试的反应时和购买决策等行为数据。E-prime2.0 软件与 Net Station 软件连接后,被试在观看实验刺激时的脑电数据则会由 Net Station 记录。脑电信号数据采集成功后,将利用 Net Station 4.3.1 对 EEG 数据进行处理,并以获得最终的事件相关电位为目的。

数据的处理过程按照 ERP 的处理程序和原则,先对数据进行滤波,然后根据刺激类型进行分段,本实验中按照服务价值刺激和服务成本刺激进行分段。根据对服务价值和服务成本划分的标记,将 EEG 进行分段,分为服务价值和服务成本两段,截取刺激发生前 200 毫秒,刺激后取 800 毫秒。其中被试伴有眨眼($\pm140\mu V$)和眼动($\pm55\mu V$)等伪迹的数据被剔除。最终按照分段的数据分别进行叠加平均,得到服务价值刺激和服务成本刺激条件下的 ERP,并参考刺激出现前 200 毫秒的脑电波形进行基线校正。对于不同条件下 ERP 振幅的比较将采用组内单因素重复方差检测的方法。方差分析的因素包括实验条件(服务价值和服务成本)和电极位置(Pz、POz、Oz、P1、P2、PO2、PO4、O1、O2 和 AF1、AF3、AFz、F3、F1、Fz、FC1、FCz)。

6.4 数据分析

6.4.1 顶区和枕区脑电数据分析

当被试浏览服务内容时在大脑的顶区和枕区诱发了 LPC,潜伏期在 300 毫秒。图 6-3 显示了当刺激呈现 400 毫秒时的脑地形图,其中服务成本的 LPC 的振幅高于服务价值的振幅。这种枕区被更大程度地激活的现象反映了被试的认知和信息加工过程。LPC 在大脑顶区和枕区电极所诱发的振幅存在显著差异，为了评估不同产品服务组合中消费者对服务价值认知的差异，在 400~500 毫秒的时间窗口下，对 9 个电极在不同服务的条件下的 LPC 波形分别进行平均，进行 2（服务价值、服务成本）×9（9 个电极位）被试内重复测量方差分析，表 6-1 展示了服务价值和服务成本在相同电极下的 ANOVA 分析结果。分析结果表明，在 400~500 毫秒时间窗口内，服务价值和服务成本在相同电极诱发的 LPC 振幅存在显著差异 [F=144.756, P=0.000]，不同电极之间的振幅存在显著差异 [F=1350.019, P=0.000]。

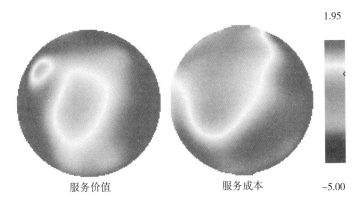

1.95

服务价值　　　　　　　服务成本　　　　　　-5.00

图 6-3　服务价值和服务成本刺激下的脑地形图 （400ms）

表 6-1　服务成本和服务价值刺激下大脑顶、枕区 LPC 均值 （方差） 描述统计

电极	服务成本	服务价值	F 值	P 值
P1	1.56 （0.01）	1.09 （0.12）	117.372	0.000
Pz	1.524 （0.08）	0.75 （0.13）	141.157	0.000
POz	1.17 （0.02）	0.74 （0.01）	187.130	0.000
O1	1.73 （0.09）	0.83 （0.04）	16.284	0.000
Oz	1.17 （0.03）	0.79 （0.20）	57.457	0.000
O2	1.23 （0.04）	0.97 （0.05）	74.432	0.000
PO2	1.50 （0.02）	1.02 （0.02）	148.879	0.000
P2	1.45 （0.01）	0.90 （0.09）	135.995	0.000
PO4	1.26 （0.01）	0.79 （0.03）	117.978	0.000

6.4.2 额区和中央区脑电数据分析

当被试浏览服务内容时在大脑的额区和中央区诱发了LPC,潜伏期在400毫秒。图6-3显示了当刺激呈现400毫秒时的脑地形图,其中服务价值的LPC的振幅高于服务成本的振幅。这种左前额区被更大程度地激活的现象反映了被试的积极情绪的诱发过程。LPC在大脑额区和中央区电极所诱发的振幅存在显著差异,为了评估不同产品服务组合中消费者对服务价值和服务成本所诱发的情绪的差异,在400~500毫秒的时间窗口下,对8个电极在不同服务的条件下的LPC波形分别进行平均,进行2(服务价值、服务成本)×8(8个电极位)被试内重复测量方差分析,表6-2展示了服务价值和服务成本在相同电极下的ANOVA分析结果。分析结果表明,在400~500毫秒时间窗口内,服务价值和服务成本在相同电极诱发的LPC振幅存在显著差异,不同电极之间的振幅存在显著差异。

表6-2 服务成本和服务价值刺激下大脑额区、中央区LPC均值（方差）描述统计

电极	服务成本	服务价值	F 值	P 值
AFz	6.54（0.18）	2.75（0.05）	717.376	0.000
AF1	7.527（0.16）	2.75（0.07）	741.159	0.000
AF3	6.15（0.12）	-0.74（0.01）	387.135	0.000
Fz	3.75（0.09）	1.84（0.04）	116.287	0.000
F1	4.18（0.13）	0.49（0.20）	157.457	0.000
F3	1.73（0.14）	0.21（0.05）	174.434	0.000
FCz	3.31（0.02）	2.62（0.02）	448.873	0.000
FC1	1.95（0.01）	-0.76（0.09）	535.990	0.000

6.4.3 行为数据分析

所有被试都在规定的时间内进行了购买决策,因此所有的行为数据均有效。按照产品与服务的融合程度的差异,本实验按照对产品服务系统的分类方法将产品服务组合划分为面向结果的和面向效用的产品服务组合。其中,E袋洗、

呱呱洗车、卡拉丁和美乐乐属于面向结果的产品服务组合形式，产品的所有权和使用权归企业，用销售具体的功能和结果取代产品。ofo bicycle 共享单车平台和神州专车属于面向应用的产品服务组合形式，属于租赁服务，消费者不享有所有权但是拥有使用权。运用 SPSS 18.0 对行为数据进行统计分析，结果显示，面向结果的产品服务组合的平均购买率为 32.98%，标准差为 0.16，而面向应用的产品服务组合的平均购买率为 36.07%，标准差为 0.17。其中产品购买率是指被试选择愿意购买的产品在总产品中所占的比重。在两种不同的产品服务组合情况下，对被试的购买决策进行方差分析，F 检验两者没有显著差异 [F = 75.446，P >0.05]，显示这两种产品服务组合对购买决策不存在显著影响。被试对以结果为导向的产品服务组合的平均购买反应时间为 699.14 毫秒，对以应用为导向的产品服务组合平均购买反应时间为 654.83 毫秒。在两种产品服务组合的刺激条件下，被试的反应时间无显著差异 [F = 0.556，P>0.05]。可见，当在产品服务组合中产品的所有权不发生转移时，服务的类型对消费者的决策没有产生显著的影响。

6.5　结果讨论

　　产品服务组合的价值认知取决于其中产品和服务要素的综合作用，而由于服务的多样性，直接影响产品服务组合的形式和整体价值。根据产品服务组合中服务化的程度，本书将产品服务组合划分为两类：一是以产品为主体的产品服务组合，其特点是当消费者对产品服务组合支付完成后，消费者将拥有产品的所有权，同时享受与产品相关的服务，例如安装、维修、运输、维护和升级等。二是以服务为主体的产品服务组合，产品成为提供服务的载体，消费者完成支付后不拥有产品的所有权，享有产品的使用权或者产品提供的具体功能，在这种产品服务组合中服务成为了主导，产品的目的是支持服务。产品服务组合的感知价值是消费者在获取产品服务组合过程中所能感知的利益与所付出的成本进行比较后对产品服务组合的总体评价。价值也将取决于消费者的感知和认同，在本书中以服务成本在顶区和枕区所诱发的 LPC 振幅高于服务价值，服务成本将占用消费者更多的认知资源。产品服务组合中的服务价值需要消费者调用认知资源进行信息加工和处理才能感受其服务价值，也会占用认知资源，但是由于服务价值能够诱发消费者的积极情绪,因此在额区和中央区所诱发的LPC 振幅高于服务成本。研究显示,当人们处于积极的情绪状态下,人们对整体的判断将会减少注意,形成简单的启发式,这也说明了当被试观看服务价值刺激时由于能够诱发积极情绪,所以占用了较少的顶区和枕区的注意和认知资源。消费者对产品服务组合价值认知的来源包括对产品服务组合所创造的价值以及为其所付出的成本的感知,总体上表现为产品服务组合在消费者总效用上的改善程度。不同的产品服务组合服务化的程度有所不同,因此服务价值的感知构成产品服务组合价值认知的关键因素,取决于对服务的感知和认同。产品服务组合包含不同的形式,服务化的程度存在差异,消费者的认知以及购买行为也将有所不同。同时消费者的积极情绪的诱发也会影响消费者对感知价值的认知。

本书中 LPC 的差异主要表现于顶区和枕区,在刺激呈现 300 毫秒后出现了晚期的正成分。LPC 的出现与认知有关,可以在脑区的分布上进行界定。在脑区功能定位的相关研究中,Matsuda 的研究表明与认知有关的晚期正成分或正慢波主要分布于枕区,与情绪有关的晚期正成分或正慢波主要分布于中央区和顶区。可见,消费者对于服务刺激在枕区所诱发的 LPC 的差异源于消费者对服务成本认知的差异,在额区所诱发的 LPC 则源于服务价值对于消费者情绪的诱发。消费者购买决策过程的起点是需求认知,认知需求产生于感觉与实际之间的差距,通过购买决策来解决这一问题,这种需求可以来自内在的心理活动,也可能来自外在的刺激。消费者的需求认知是购买的前提。

消费者的需求认知是进行购买行为的前提,当消费者对期望的状态与现实状态之间形成差异时则会产生需求认知。只要实际或者期望状态中的任何一个发生变化,并且达到足够的程度就会产生需求认知。消费者的需求认知从本质上来源于消费者自身的感知,但是企业可以通过有效的营销手段影响甚至创造消费者的需求。当消费者的认知需求产生后,消费者将会进行信息搜寻,对有关信息进行分析和评估,进而实施购买决策。介入程度是决定消费者采取何种决策过程类型的关键因素。介入是指由某种特定情境刺激所触发的对个人利益和重要性的可感知的相关程度。无论介入程度如何,消费者总是设法使购买和使用产品的风险最小化而利益最大化。介入程度的高低取决于消费者感知的产品或服务的重要程度。简而言之,产品或服务对消费者越重要,就越会激励消费者进行广泛的信息搜寻和更深的介入决策过程。当消费者的内在个性特质如需求、价值观和自我概念在某种情况下遇到适当的营销刺激时,就会产生可感知的介入。通过 ERP 的研究能够探寻大脑的信息加工处理过程，进而解释认知过程对潜意识的启动影响购买决策的问题。

认知是主体在一种特定情境下，在感知判断外界对象的基础上进行信息加工的一种心理活动过程，表现为知觉、感觉、记忆、思维、想象和语言等，是人脑在接受外界信息后，经过大脑的加工处理，进而转换成内在的心理活动，从而支配人的行为，这个过程就是信息加工的过程。消费者购买决策过程的起点是需求认知，认知需求产生于感觉与实际之间的差距，通过购买决策来解决这一问题，这种需求可以来自内在的心理活动，也可能来自外在的刺激。在认知需求后，消费者将会进行信息搜寻，对有关信息进行分析和评估，进而实施购买决策。消费者购买产品服务组合需要获得一定的价值，取得效用同时支付相应的成本。消费者先对产品属性和服务的内容进行感知，在这个过程中产品属性和服务内容的价值感知相互作用和相互影响，同时对获得产品服务组合收益的同时所付出的成本或者损失进行评价，最终形成对产品服务组合的价值认知。最后，消费者对产品服务组合的感知利得与感知成本进行比较形成产品服务组合的顾客感知价值。消费者在网络购物过程中对产品服务组合的认知是在浏览产品服务组合信息之后，经过大脑的信息加工处理，进而支配消费者行为的一种心理活动。研究表明，LPC 与刺激的重要性、态度评估、注意、记忆、情绪等因素有关，通过 ERP 的研究能够探寻大脑的信息加工处理过程，进而解释认知过程对潜意识的启动影响购买决策的问题。产品服务组合的内容和形式存在极大的发展空间，尤其在网络购物时代，服务将会成为下一轮经济浪潮竞争的热点，通过对产品服务组合价值认知的研究，分析消费者进行购买决策过程中认知和情绪的交互作用，能够探寻消费者的服务价值感知对购买行为的影响，为产品种类的选择以及服务设计提供现实的指导意义。

6.6　本章小结

本书通过模拟消费者对以服务为主体的产品服务组合的购买情境，利用事件相关电位的方法，研究消费者对产品服务组合的价值感知，分析了消费者在购买产品服务组合过程中的认知与情绪的交互作用。产品服务组合的出现将会区别于消费者对传统的单一产品或服务的选择，这一购买决策过程将体现消费者认知和情绪的交互作用。在本书中选择以服务为主体的产品服务组合形式，产品的作用发生了重大变化，其发挥为服务提供载体的作用，这种产品服务组合处于新兴的发展阶段，消费者对其的认知也存在较大的差异。面对这种新形式的服务的提供，消费者的购买决策将建立在对服务价值和服务成本的权衡基础之上。掌握消费者对于这种产品服务组合进行购买决策时的认知和情绪的交互作用，对于研究和设计新的产品服务组合具有重要的现实意义。

关于 LPC 或者 LPP 的最新研究中显示，LPC 被证实与情绪和认知有关，大量研究已经证实当情绪刺激出现时在大脑的额区和中央区能够诱发 LPC，最新的研究显示 LPC 也参与认知加工过程，主要体现在顶区波形的诱发，潜伏期一般在 300 毫秒左右，最大值出现的时间一般短于加工情绪刺激出现的时间。LPC 可以划分为两个子成分，中央区的 LPC 由具有显著影响效应的刺激诱发，枕区的 LPC 则主要与努力和控制过程有关。这反映了认知和情感的处理过程，LPC 能够根据其被诱发的脑区定位对认知和情感处理过程加以区分。LPC 在加工处理情感和非情感刺激时都会调用大脑中的认知资源，即情感处理过程也将同时伴随认知处理过程，但是 LPC 的效价将会存在差异，LPC 可以反映认知需求和情感内容。因此，本章利用与认知有关的顶区、枕区和与情绪有关的额区和额区及中央联合区的 ERP 成分，综合分析消费者对产品服务组合的评估。根据消费者对感知价值的评价主要来自价值和成本的差异，本章将利用事件相关电位的方法分析消费者对产品服务组合所能够提供的价值和支付的成本，研究消费者在购买决策过程中的认知和情绪的交互作用。实验结果显示，在额区服务价值所诱发的与情绪有关的 ERP 成分与服务成本所诱发的 ERP 成分存在显著差异，具体表现为服务价值的 LPC 振幅高于服务成本的 ERP 振幅。在枕区服务价值所诱发的与认知有关的 ERP 成分与服务成本所诱发的 ERP 成分存在显著差异，具体表现为服务成本所诱发的 LPC 的振幅大于服务价值所诱发的 LPC 振幅。该结果解释了消费者在对新兴的产品服务组合的评估过程中，对于新兴的服务内容的认知和情感加工处理过程，为研究消费者对产品服务组合的感知价值提供了心理和神经机制。

本书中所应用的产品服务组合属于以应用和结果为导向的产品服务系统，这种产品服务组合区别于传统产品附加服务的产品服务组合形式。例如，E 袋洗属于面向结果的产品服务系统，企业向用户提供具体的洗衣功能，产品所有权归企业。ofo bicycle 共享单车平台和神州专车则属于面向应用的产品服务系统，企业保留自行车或者汽车的所有权，通过租赁的方式销售产品的功能。这种形式的产品服务组合将改变消费者的消费习惯，消费者将对服务价值和成本重新认知和评估，进而选择购买决策。提供产品服务组合是目前企业转型的模式和创新的增长点，企业在服务的设计、宣传和定价以及组织架构等方面都将进行更新，因此掌握消费者对于新型服务的感知评估过程至关重要。

在本书中，消费者对产品服务组合中所提到的服务价值和成本进行评估的过程中，消费者将对现实状态和期望状况之间的差异进行比较，进而形成需求认知。在对服务价值和服务成本的认知过程中，脑电信号的数据显示，消费者在服务成本刺激上所占用的认知资源大于服务价值，主要原因在于消费者在认知需求后，将会进行信息搜寻，对有关信息进行分析和评估，进而实施购买决策，而服务价值的信息能够通过文字描述获得，通常服务成本需要消费者深入地进行比较和权衡，因此将会占用更多的认知资源。通常服务成本除了消费者为接受服务所花费的金钱外，还包括为享受服务所支付的时间和学习等隐性成本。本书的结论对企业具有重要的指导意义，企业可以通过有效的手段增强消费者学习，通过广告和软文营销的方式提高消费者的介入程度。介入程度是决定消费者采取何种决策过程类型的关键因素，介入程度的高低取决于消费者感知的产品或服务的重要程度。当通过一定的情境刺激触发个人利益时，即将形成介入，当产品或服务对消费者越重要时，就越会激励消费者进行更深的介入决策过程，进而实现产品服务组合的有效推广。

消费者的价值认知将会着重于对产品或服务所带来的收益以及花费的成本之间的关系。本书通过研究消费者对产品服务组合的认知，解释了消费者对产品服务组合评估过程中的认知和情绪的交互作用。脑电信号数据显示，当消费者观看服务价值刺激时能够诱发积极情绪，并且情感卷入的程度显著高于消费者观看服务成本刺激时的情感卷入。消费者情绪能够对消费者的认知和行为产生影响，当消费者处于积极的情绪状态时，容易产生趋近的行为，更容易形成消费者满意，甚至较容易出现正面的评价与口头推荐。服务价值能够诱发大脑额区和中央区的 LPC 成分，这与大脑中的腹内侧前额叶皮层和前扣带回皮层与奖赏有关的区域相关。顾客将对产品或服务的效用进行认知，其建立在对产品或服务的感知价值基础之上，在这一过程中积极情绪的诱发是一个重要的因素，将会对感知价值的评价产生重要影响。在以前的相关研究中，尽管部分学者在对感知价值的维护划分中加入情感维度，但是往往都是采用问卷的形式进行测量，缺乏客观性，并且难以考察情绪的产生机制和作用过程。本书对企业的指导意义在于，企业可以通过服务价值所诱发的积极情绪的差异指导服务设计和服务定价。消费者的需求是动态复杂的心理过程,受消费者个体和社会环境等诸多因素的影响,针对服务所具有的差异性等特点,企业可以根据顾客的需求设计服务,甚至企业的一些主动行为会帮助顾客改变服务需求或形成新的服务需求,在这个过程中应充分发挥服务价值所诱发的积极情绪的重要作用,有利于消费者记忆和提升消费者忠诚度。

第7章 基于神经营销学的产品服务系统需求分析

在数字经济的背景下，企业提供不同形式的产品服务系统已经成为中国制造业转型的一种商业模式。传统的以产品为导向的产品服务系统可以在提供产品的基础上提供附加的服务，近年伴随电子商务的兴起和O2O模式的高速发展，企业向消费者提供的产品服务系统的形式不断发展变化，产品与服务的融合不断深入。以结果和应用为导向的产品服务系统已经逐步进入消费者市场，企业保留产品的所有权，向用户提供产品的功能，产品开始成为提供服务的载体，这使消费者对产品和服务的需求发生变化。因此，本书将围绕产品服务系统的表现形式和发展趋势，应用神经营销学的研究方法，研究消费者对产品服务系统中产品和服务要素的敏感度，以及消费者对产品服务系统中产品和服务互补和替代等关系的认知，进而分析消费者对产品服务系统的需求问题。

本书在明确消费者对产品服务系统需求区别于对单一产品和服务需求的基础上，采用神经营销学的研究方法，针对产品服务系统的构成要素和类型多样的特点，解决消费者对产品服务系统的需求难以确定的问题，分析消费者对产品服务系统感知价值评估过程的神经机理。通过设计事件相关电位实验，观察、分析并解释消费者对不同类型的产品服务系统的购买决策，分析在同一个产品服务系统中产品和服务之间的关系，诸如产品与服务之间的需求冲突和替代关系等。通过设计消费者购买不同产品服务组合的事件相关电位实验，明确消费者对产品服务系统中产品和服务要素感知价值的敏感度，结合不同产品服务组合所诱发的ERP成分和消费者的购买行为数据，分析消费者对产品服务系统需求的心理和神经机制，进而为解决不同产品服务系统中消费者对产品和服务的需求冲突提供策略。分析在数字经济背景下消费者对产品服务系统需求的变化，提出在产品服务系统中产品和服务要素之间的互补与替代关系，并在此基础上阐释产品服务系统需求的心理和神经学基础，在以顾客为中心的需求背景下，为企业定制、设计和创新产品服务系统提供思路。

7.1 产品服务系统中产品和服务的关系述评

产品服务系统可以集成产品服务包的开发,实现为顾客提供产品服务组合,作为客户的解决方案。在制造业,产品服务系统通过融合产品和服务创造价值一直受到关注。当两种或者两种以上的产品或者服务一起在市场上销售时,当被定义为捆绑销售时,将会产生消费者剩余,因此需要一种评估方法,确定企业将产品和服务应该以何种方式和在何种程度上捆绑在一起,进而实现价值的创造,形成顾客满意。对于供应商来说,提升客户在使用产品和服务时的感知价值非常重要,产品服务组合有助于产品和服务创新,如果一个新产品与一个有吸引力的服务组合,它就能够获得额外的关注。越来越多的传统的以产品为导向的企业为客户提供与服务捆绑的产品。产品服务系统中的产品和服务之间的关系可以用不同类型的产品服务组合描述来解释,在以产品为导向的产品服务系统中,产品的所有权转移给客户,并提供服务来确保产品在一定时间内的性能,产品提供者承诺提供与产品相关的服务。但是,在以使用和结果为导向的产品服务系统中,服务提供者保留了产品的所有权,顾客能够在面向使用的PSS中购买产品的使用权,而在以结果为导向的PSS中购买服务提供的结果。产品和服务的不同组合在PSS以及客户需求中扮演不同的角色,以产品为导向的产品服务系统通常产品是中心环节,企业在整个产品的生命周期提供服务,如维修和保养等;以结果为导向的产品服务系统,顾客不购买产品的所有权,产品是提供服务的载体导致这一系统中顾客对产品属性和服务的期望会有所差异,感知价值也由产品和服务共同决定,产品和服务所占的权重将会与前两种形式的产品服务系统存在差异,在这种产品服务系统中,客户不拥有产品,只利用产品的功能。在关于产品服务组合的定价问题中,将产品和服务混合捆绑战略比单独的产品或服务更有利可图。可见,由于产品和服务之间的关系在不同类型的PSS中是不同的,企业的价值创造和价值交付都是基于产品或服务在产品服务系统中的状态。

产品和服务通过产品服务系统被结合起来,为客户增加和创造价值,该过程使企业能够关注到产品与服务之间的关系,利用各种增值服务对某一产品进行扩展,提升消费者感知价值。在提供产品服务组合时,企业需要确定要提供的产品和服务等级。消费者通过对产品服务组合这一整体来进行感知价值评估，在产品服务系统中单一的产品或者服务难以代表产品服务系统的感知价值，这需要通过给系统中的要素分配权重进而获得整体的最大权重。学者们研究了制造商为产品设计售后服务的产品服务包等战略问题，重点研究了服务竞争力，以及如何匹配售后服务。产品和服务作为产品服务系统中两个不同的对象，具有典型的异质性特征，实物产品需求与无形服务需求的匹配问题尚未得到解决，并且在产品服务组合中，当存在要素的互补或者替代时，这一问题则更值得深入研究，例如在如何提供 PSS 的战略决策中，企业需要根据 PSS 中产品和服务之间的替代或互补来权衡所产生的收益和成本。然而，目前对产品服务系统中产品和服务的关系的研究，以及其对顾客感知价值影响的研究尚处于初级阶段。

7.2　产品服务系统的需求分析

顾客在产品或服务的感知价值和价值创造过程中起着关键作用。产品服务组合的设计应符合客户的需求，制造商已经开始根据客户的需求提供产品的功能，并根据客户需求进行定制产品服务包。企业提供的解决方案通常是产品和服务的组合，而非单一的产品或服务，目的是满足客户的需求。制造商已经从销售产品转向提供产品服务包，由于产品和服务的不同层次，产品服务系统的感知价值难以衡量。服务是产品和服务组合中最独特、最灵活的组成部分之一，它在产品服务系统内部容易被修改和调整，会影响产品和服务组合的总价值。由于产品服务系统的成功在很大程度上取决于对不同需求的理解和满足，因此需要研究客户对产品服务系统偏好和决策的心理和神经机制。

需求识别和处理是产品服务系统设计的关键，在新的产品服务系统开发阶段非常重要。在产品服务系统中，客户的需求不仅限于产品的特性，还包括服务活动的功能和结果，这需要消费者对产品服务系统的需求进行识别。顾客认知是价值实现的必要条件，但是以往对产品服务系统中要素需求敏感度的研究尚处于初级阶段，在产品服务系统中对各个要素的需求的权重的比较也有待深入研究。客户需求分析在新产品服务系统的开发阶段非常重要，确定产品和服务等要素需求的优先级别，以及为不同的产品服务系统需求分配重要性权重，对于确保产品服务系统需求分析的成功是必要的。关于产品服务系统的心理需求识别和关系的研究较少,产品和服务作为产品服务系统中两个截然不同的对象,具有典型的异质性特征。由于需求分析是异构的,它将影响 PSS 中产品和服务的集成设计。但是关于产品服务系统客户需求识别和要素感知价值的研究较少,尤其是服务需求涉及大量的人类感知和判断,导致产品服务系统的需求分析过程中的模糊性和主观性,实物产品需求与无形服务需求的匹配问题尚未得到解决。可见,关于产品需求与无形服务需求匹配,以及产品需求与服务需求之间的需求冲突和替代等问题的研究对于产品服务系统的设计和开发具有重要意义。因此,有必要进一步从用户的行为中提取 PSS 的潜在需求,从而提高需求识别和理解的深度。在 PSS 中,服务是无形的,顾客通常通过参与服务活动来获得服务经验和感知。消费者对产品或服务的偏好来自许多不同因素的组合,这些因素将构成消费者对产品服务组合中要素需求的优先级别。

7.3　神经营销学与 PSS 购买决策

神经营销学的诞生以 2004 年美国贝勒医学院人类神经影像学实验室应用可口可乐和百事可乐进行的品牌认知实验为标志,目前采用神经营销学研究的领域已经拓展至选择偏好与策略以及消费者行为等人类决策行为。事件相关电位在心理学和神经管理学等领域已经开始使用,研究的领域涉及注意、感知、判断和决策等认知过程,其中一部分 ERP 的功能和诱发条件已经在心理学实验中得以证实。事件相关电位是应用脑电波的变化来记录人们对特定刺激的反应的一种研究方法。人们可以通过视觉、听觉等感官感受外界刺激,外界刺激则会诱发与之相关的电位,以脑电波的形式进行呈现。在脑电图中将纵轴标记为电位,将横轴标记为时间,记录脑电波的变化。同时根据神经科学的研究来对脑电波对应的功能进行界定。由于头皮所能记录的电位值很小,在 0.1~20 微伏,需要通过同类刺激的叠加平均后去除脑电信号中的噪声。由于 ERP 的出现与刺激呈现的时间关系密切,并且 ERP 的命名也是从刺激呈现的时间开始计算,因此在对数据进行处理的过程中需在刺激前后分别取一定的时间段进行分段,进而保证在这个时间段内的 ERP 得到放大,而头皮自发的脑电信号在叠加过程中充分减小,进而使 ERP 得以有效地呈现。在关于情绪的事件相关电位实验研究中,采用情绪图片等刺激探测大脑加工和处理情绪的区域,为消费者情绪的测量和感知价值的评估提供依据。情绪刺激的唤醒度以及刺激类型等都与诱发的脑电位相关，并能够在 ERP 成分上得以显示。与情绪有关的 ERP 成分包括早期成分和晚期成分。关于情绪的早期效应体现在刺激呈现的 100~200 毫秒的时间范围内，包括早期后叶负波，主要是在对恐惧等刺激呈现 150 毫秒后出现，主要反映了大脑对消极情绪的加工。有研究显示，大脑的枕颞叶部位处理和加工情绪刺激。在实验中选择能够使人产生积极情绪的自然景色图片、中性图片和令人产生消极情绪的自然景色图片作为刺激材料，研究结果呈现能够使人产生愉悦和不愉悦的图片能够诱发早期负波，积极情绪和消极情绪图片能够比中性图片诱发较大的 EPN。与情绪有关的晚期 ERP 成分在时间进程上是从 300 毫秒开始，一般可以持续到 1000 毫秒左右，这一时间范围内的脑电位是参与情绪深度加工的主要成分。晚期正成分 LPP 是与情绪加工和处理有关的重要成分，也有研究中将其命名为 LPC。LPP 的潜伏期在 300~1000 毫秒，主要反映与情绪注意的相关研究。LPP 体现了人对情绪主观评价过程中的大脑激活的机制，并且代表了大脑对情绪刺激的处理以及被情绪刺激所调用的注意资源的分配。实验结果显示，带有情绪刺激的图片，诸如面孔图片等，所诱发的 LPP 的振幅将高于中性情绪图片，在脑区分布上 LPP 主要分布于额区和中央区。在对面孔刺激进行了分类和加工的实验中，将其划分为恋人面孔、朋友面孔和陌生人面孔，并采用事件相关电位的方法将三类面孔所诱发的 LPP 振幅进行了比较，结果显示恋人面孔所诱发的 LPP 振幅高于其他面孔所诱发的波幅，反映了 LPP 能够衡量人们对于情绪刺激所卷入的程度。可见，神经科学在识别决策过程的神经机制方面取得了显著的进展。

鉴于脑区功能定位和事件相关电位的研究成果，可以通过与认知和情绪有关的 ERP 成分实现消费者情绪和认知的衡量，目前的研究试图了解消费者的选择过程是如何被 ERP 成分的变化所调节的，一窥了消费者决策过程的"黑箱"。关于消费者神经学的 ERP 研究选择了产品属性、品牌和服务等多种营销刺激因素。例如，通过观察 LPP 成分来评价产品和服务刺激所引发的消费者的情感效价。产品和服务都诱导了额叶和中心区域的 LPP，这表明并证实了网络购物决策时的情绪唤起过程，高情绪价值服务比低情绪价值服务在左额叶区域产生更大的 LPP。不同认知能力的客户在服务决策过程中表现出不同的认知和情绪过程，这可以通过不同认知能力组所诱发的 ERP 成分的差异体现，脑电信号从认知和情绪的角度为消费者主观评价的过程提供了依据，这种机制可以应用于感知价值和消费者对于复杂产品服务系统的价值评估的研究。目前产品服务系统的研究主要集中在与产品性能功能（如价格、品牌、质量、设计）或服务质量相关的几个属性上，研究成果多集中于品牌选择、偏好持续性、购买意愿、产品和服务价值对决策的影响等，而缺少产品服务系统中产品与服务关系的研究，因此对于产品服务组合中产品和服务的关系分析和消费者需求的研究需要心理学和神经科学方面的解释。

7.4　PSS感知价值评估的神经学基础

Monroe 和 Krishnan 认为顾客感知价值来自产品实际所带来的利益与顾客愿意为该产品所付出的代价之间的差值。感知价值与感知质量存在密切联系。顾客对某品牌产品或服务所收集的各种信息进行综合考虑的时候，往往会将不同品牌的产品和服务进行对比，而对比的就是顾客对于该品牌产品的感知价值，当顾客对于某品牌的产品产生的感知价值高于其他品牌产品或是达到顾客的预期的时候，顾客就会购买该产品，并且当顾客在收集信息至做出决策这个过程中对该产品所产生的感知价值越高，顾客在购买阶段所最大承受的价格也就越高。这一观点在最新的顾客决策神经科学研究中得到支持。目前学者们构建了多种感知价值模型将感知价值进行了不同的划分。提高顾客对于产品的感知价值是企业非常关心的一个问题，在研究中如何评定感知价值有很多方法，比如问卷调查、购买率分析、眼动关注度分析等。感知质量会影响到消费者的购买决策和忠诚度。顾客感知质量指的是购买者根据自身对于某个产品的需求动机，通过搜索该产品的相关信息，比如正面的广告、好评以及负面的新闻、差评等，然后经过自己的综合分析，最后对某个品牌的产品或服务做出一个适当的评价，帮助自己做出购买决策。因此，消费者在做出购买决策之前，会尽量去了解该产品的介绍和相关评价。当产品的实际质量接近或超过顾客在做出购买决策之前所得到的感知质量时，顾客就会对该产品产生满意的情绪。

通过设计消费者对产品服务系统进行购买决策的实验，根据不同产品和服务等要素所诱发的 ERP 成分的差异，结合消费者的购买行为数据分析产品服务系统中不同要素的需求敏感度，即当产品属性或者服务内容变化后所带来的消费者购买行为的差异情况，进而阐释产品服务系统中不同要素的互补与替代关系等。顾客对于产品有基本型需求、期望型需求、魅力型需求、无差异需求和反向需求，这些主要是依靠需求对于顾客满意度影响的敏感度进行划分的。基本型需求对消费者满意度影响的敏感度是较低的，基本型需求质量获得大幅度提高而消费者满意度变化幅度却比较小，魅力型需求质量获得提升则消费者满意度会大幅度提升，期望型需求敏感度则在两者之间。把顾客感知价值和购买率定为因变量，研究消费者对产品服务组合中的要素（如产品属性、服务、品牌、价格）以及产品服务组合需求的敏感度。然而，上述方法很难让消费者准确地表达出内心的价值认知，可能有被试做出与内心想法不同的结果。因此，本书决定采用脑电实验的方法测量被试面对刺激时的信号反应，从而评定被试对于产品服务组合的价值认知，因此也就需要用到神经营销学的方法。

应用事件相关电位研究方法测量消费者对产品服务系统的需求问题。事件相关电位实验采用美国 EGI 公司生产的脑电设备进行 EEG 数据和行为数据采集，采用 E-prime 软件进行实验设计和刺激呈现，分析消费者对产品服务系统的感知价值评估和购买决策过程时的大脑活动，提取 ERP 成分。在同类刺激叠加的次数上，为保证 ERP 的充分呈现和噪声的去除，一般叠加的次数应该控制在 12~60 次。在实验中分析不同类型的产品服务系统以及其中各要素所诱发的消费者大脑活动的差异及 ERP 波形的差异，将相关脑区的 ERP 成分视为感知价值评价的特征指标。

神经管理学是神经科学、认知神经科学、心理学和管理学融合而产生的交叉学科，是运用神经科学和其他生命科学技术来研究经济管理问题的国际新兴前沿学科，它主要通过研究人们面对经典经济管理问题时的大脑活动来审视人类决策行为，以及与管理相关的社会行为与人性。管理科学是以人为中心的，神经管理学以人的行为的神经学研究为核心，强调具体情景，强调个体差异。关于神经学与其他学科的交叉应用主要体现为神经经济学、神经营销学和神经管理学，具体表现为：普林斯顿大学在 2000 年提出的神经经济学概念；2004 年以美国贝勒医学院人类神经影像学实验室应用可口可乐和百事可乐进行的品牌认知实验为代表而诞生的神经营销学；浙江大学马庆国教授 2006 年在此基础上提出的神经管理学。目前采用神经经济学、神经营销学和神经管理学研究的领域包括决策行为、公平和合作等，判断、选择与决策，选择偏好与策略，消费者行为等人类决策行为。马庆国教授在提出神经管理学后又将其研究的领域扩展至神经工业工程等，应用脑科学解决变量测量的问题，其研究方法主张对现实问题进行猜测，进而通过事件相关电位实验设计进行解释和应用，研究的领域集中于决策和品牌管理等。

Zajonc 提出了情绪能够影响决策，并指出在决策过程中情绪将会被自动引发进而对信息处理和判断产生影响。这一理论在决策神经学的研究中被证实，Sanfey 在 fMRI 实验中，被试的消极情绪是与情感相关的前岛叶、与认知相关的背外侧前额叶被激活，并且证实杏仁核的激活与恐惧等情绪有关，证实了在决策过程中情绪能够起到调节的作用。在非理性经济人的观点提出后，学者们应用脑科学对情感处理和自动处理过程进行了加工，并且提出自动处理将调用大脑高级认知区域对刺激进行前期加工后传递至神经系统处理。情感过程则受外界环境、刺激类型以及情绪调节系统影响。情绪被诱发的脑机制已经在脑科学的实验中被证实，其中关于与情绪有关的脑区定位主要分布于前额叶皮层、扣带回皮层、下丘脑等区域，以及与杏仁核连接的神经回路，其中前额皮层、脑岛、体感皮层、扣带回皮层被认为在情感经历中扮演重要角色。

7.5 N170 与需求差异分析

依据产品服务系统的价值构成，选择以产品为导向的产品服务系统为研究对象，设计事件相关电位实验，分析在产品服务系统中消费者对产品和服务这两种要素感知价值的敏感度，即比较产品和服务要素所诱发的 ERP 的脑区定位和内源性差异，应用心理学和神经科学解释产品和服务之间互补和替代关系机制，提出基于消费者认知和情绪的产品服务系统设计思路。根据产品服务系统的演进，选择以产品为导向的、以结果和以应用为导向的产品服务系统为研究对象，设计消费者对产品服务系统进行选择的事件相关电位实验，根据消费者对不同产品服务组合所诱发的 ERP 成分和脑区定位，并结合消费者购买的行为数据分析消费者对产品服务组合需求的影响因素和神经机理，进而提出优化产品服务系统的思路及策略选择。在互联网经济和 O2O 模式背景下，新型的产品服务系统内容和销售渠道不断涌现，通过将产品服务系统中的产品属性和服务价值进行划分，完成产品属性、服务价值的双因素实验，评估消费者对产品服务组合的感知价值，并从消费者认知和情绪的角度提出影响消费对产品服务系统需求的因素，为产品服务系统创新和精准产品服务系统定制提供思路。

实验的刺激呈现运用 E-prime2.0 软件进行编程，运用 Net Station4.3.1 脑电记录分析系统记录和分析 EEG 数据。实验被试在进行购买决策时，运用美国

EGI 公司的脑电设备对脑电信号进行数据采集，被试将佩戴 64 导电极帽，按照国际 10-20 系统来放置电极，参考电极为 Cz 点，采样频率为 500Hz。电极帽与 Net Amps 300 放大器相连接，采样频率为 500Hz。对脑电波采用无相移数字滤波模式，滤波器为有限冲激响应数字滤波器，滤波带通为 0.03~100Hz。E-prime软件将记录被试的行为数据，包括被试的反应时间和输入的数值等。采集的 EEG 数据将通过滤波、分段、剔除伪迹、基线校正、总平均叠加，最终得到两种条件下的 ERP。对数据采用无相移数字滤波的模式，将 EEG 数据进行了低通 30Hz 的数字滤波。实验刺激通过 E-prime2.0 软件呈现，该软件能够记录被试的反应时和购买决策等行为数据。E-prime2.0 软件与 Net Station 软件连接后，被试在观看实验刺激时的脑电数据则会由 Net Station 记录。脑电信号数据采集成功后，将利用 Net Station 数据的处理过程按照 ERP 的处理程序和原则，先对数据进行滤波，然后根据刺激类型进行分段，本实验中按照高感知价值服务和低感知价值服务刺激进行分段。根据对高感知价值服务和低感知价值服务划分的标记，将 EEG 进行分段，分为高感知价值服务和低感知价值服务两段，截取刺激发生前 200 毫秒，刺激后取 800 毫秒。其中被试伴有眨眼（±140μV）和眼动（±55μV）等伪迹的数据被剔除。最终按照分段的数据分别进行叠加平均，得到高感知价值服务刺激和低感知价值服务刺激条件下的 ERP，并参考刺激出现前 200 毫秒的脑电波形进行基线校正。

采用神经营销学的研究方法，结合事件相关电位实验，通过不同要素和产品服务组合所诱发 ERP 成分，客观地评估消费者对产品服务系统中各要素需求的敏感度，分析产生需求差异的神经机理。N170 是在面孔和其他物体类别刺激呈现后的 130~200 毫秒记录到的，并在 160~170 毫秒时达到峰值的一种脑电负成分，其主要分布于大脑颞枕区，通常在 P8（T6）PO8 或者 O2 等电极处的波幅最大。面孔之所以比其他一般性类别的物体诱发更大的 N170 可能是因为我们都是识别面孔的专家；也可能是因为在面孔识别的实验中面孔刺激之间的知觉差异小于其他物体识别任务中的知觉差异。如果不同刺激之间的知觉差异得以控制，那么就不会存在 N170 面孔特异效应。由此可以推断 N170 的产生通常伴随着外界刺激与人脑认知的差异小，即当某种属性刺激符合消费者的潜在需求时，外界刺激与需求之间的冲突较小，这样可以诱发 N170 成分。

N170 成分很可能反映识别过程中的刺激类别加工，研究显示 N170 能够被面孔以外的其他刺激所诱发，如车子、房屋、鞋子、家具、工具、路标、花朵、印刷字词，不同刺激诱发的 N170 波幅间存在显著差异（如家具 vs. 车子，路标

vs. 工具）。这些研究结果显示，N170 与物体的类别信息加工相关。可见，当刺激属于不同类别时，N170 振幅的差异能够反映刺激的类别，因此当消费者浏览不同类型的产品和服务时，根据人脑的认知将会把刺激内容划分为两种：一种是符合消费者需求的，另一种是不符合消费者需求的。本书通过将产品服务系统中的产品属性和服务内容进行分类，进行不同的组合划分，进而探寻符合消费者需求的产品服务组合的心理和神经机制。经事件相关电位实验得出的研究结论为：

第一，在以产品为导向的产品服务系统中，消费者对产品属性的需求敏感度大于服务内容，即服务能够被高产品属性所替代。

第二，当高产品属性替代服务时，认知资源被占用，高产品属性的产品服务系统所诱发的 N170 成分大于低产品属性的产品服务组合所诱发的 N170 成分。

第三，产品和服务的匹配可以促进消费者对 PSS 的购买决策。

7.6 产品服务系统需求的神经机制

7.6.1 N170 与不同产品内容的产品服务系统

当被试在浏览不同的产品服务组合后，在大脑的顶区、顶枕区和枕区诱发了 N170 成分，潜伏期在 170 毫秒。图 7-1（a vs. b; c vs. d）显示了当刺激呈现 170 毫秒时的脑地形图，其中具有高产品属性的产品服务组合所诱发的 N170 成分高于低产品属性的产品服务组合的振幅。这种顶区和枕区被更大程度地激活的现象反映了被试的认知和信息加工过程。图 7-2 显示了产品服务组合（组合 1：高产品属性低服务内容；组合 2：高产品属性高服务内容；组合 3：低产品属性低服务内容；组合 4：低产品属性高服务内容）所诱发的总平均 ERP 波形，包括顶区和枕区的电极（Pz、P1、P2、POz、PO3、PO4、Oz、O1、O2）。N170 在大脑顶区、顶枕区电极所诱发的振幅存在显著差异，为了评估消费者对不同产品服务组合的差异，在 100~200 毫秒的时间窗口下，对 9 个电极在不同产品服务组合的条件下的 N170 波形分别进行平均，进行 2（高产品属性的产品服务组合、低产品属性的产品服务组合）×9（9 个电极位）被试内重复测量方差分析，表 7-1 展示了高产品属性的产品服务组合和低产品属性的产品服务组合（组合 1 vs. 组合 3）在相同电极下的 ANOVA 分析结果。分析结果表明，在 100~200 毫秒时间窗口内，高产品属性的产品服务组合和低产品属性的产品服务组合在相同电极诱发的 N170 振幅存在显著差异。

表 7-1 不同产品属性的产品服务组合在大脑顶、枕区 N170 均值（方差）描述统计

电极	高产品属性低服务的产品服务组合	低产品属性低服务的产品服务组合	F	P
Pz	−3.587 (0.18)	−2.45 (0.41)	78.271	0.000
P1	−2.58 (0.123)	−1.09 (0.45)	141.787	0.000
P2	−4.111 (0.39)	−1.123 (0.35)	429.149	0.000
POz	−3.61 (0.26)	−1.70 (0.69)	207.503	0.000
PO3	−3.61 (0.26)	−1.04 (1.05)	179.744	0.000
PO4	−4.13 (0.27)	−2.06 (0.49)	201.996	0.000
Oz	−4.42 (0.18)	−2.63 (0.48)	173.463	0.000
O1	−3.719 (0.17)	−1.93 (0.81)	117.078	0.000
O2	−4.51 (0.37)	−1.91 (0.51)	275.776	0.000

7.6.2 N170 与不同服务内容的产品服务系统

当被试在浏览不同的产品服务组合后，在大脑的顶区、顶枕区和枕区诱发了 N170 成分，潜伏期在 170 毫秒。图 7-1（a vs. c；b vs. d）显示了当刺激呈现 170 毫秒时的脑地形图，其中具有高产品属性的产品服务组合所诱发的 N170 成分高于低产品属性的产品服务组合的振幅。这种顶区和枕区被更大程度地激活的现象反映了被试的认知和信息加工过程。图 7-2 显示了产品服务组合（组合 1：高产品属性、低服务内容；组合 2：高产品属性、高服务内容；组合 3：低产品属性、低服务内容；组合 4：低产品属性、高服务内容）所诱发的总平均 ERP 波形，包括顶区和枕区的电极（Pz、P1、P2、POz、PO3、PO4、Oz、O1、O2）。N170 在大脑顶区、顶枕区电极所诱发的振幅存在显著差异，为了评估消费者对不同产品服务组合的差异，在 100~200 毫秒的时间窗口下，对 9 个电极

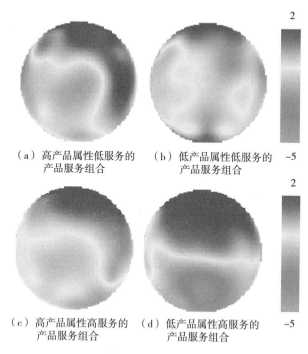

（a）高产品属性低服务的　　（b）低产品属性低服务的
　　 产品服务组合　　　　　　　产品服务组合

（c）高产品属性高服务的　　（d）低产品属性高服务的
　　 产品服务组合　　　　　　　产品服务组合

图 7-1　不同产品服务组合刺激下的脑地形图（170ms）

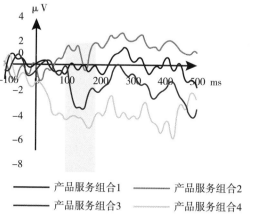

　——　产品服务组合1　　　——　产品服务组合2
　——　产品服务组合3　　　——　产品服务组合4

图 7-2　不同产品服务组合的在顶区、顶枕区和枕区 9 个电位的总平均 ERP 波形

在不同产品服务组合的条件下的 N170 波形分别进行平均，进行 2（组合 1：高服务内容的产品服务组合 vs. 组合 4：低服务内容的产品服务组合）×9（9 个电极位）被试内重复测量方差分析，表 7-2 展示了高服务内容的产品服务组合和

低服务内容的产品服务组合在相同电极下的 ANOVA 分析结果。分析结果表明，在 100~200 毫秒时间窗口内，高服务内容的产品服务组合和低服务内容的产品服务组合在相同电极诱发的 N170 振幅存在显著差异。

不论产品属性的高低，低服务内容的产品服务组合能够比高服务内容的产品服务组合诱发更显著的 N170 成分。在高产品属性的产品服务组合中，高产品属性低服务内容的组合比高产品属性高服务内容的产品服务组合诱发了更大的 N170 成分，体现了在产品服务组合中存在产品和服务之间相对比较的关系，即产品属性相对于服务内容更高时，能够诱发更显著的 N170 成分，N170 的波幅显著大于产品属性和服务内容都高的产品服务组合。低产品属性低服务内容的产品服务组合能够诱发显著的 N170 成分，而低产品属性高服务内容的产品服务组合所诱发的 N170 不显著，说明当产品属性低时，服务内容的提升难以增强消费者的认知，即产品属性在产品服务组合中具有显著作用。

表 7-2　不同服务内容的产品服务组合在大脑顶、枕区 N170 均值（方差）描述统计

电极	高服务内容的 产品服务组合	低服务内容的 产品服务组合	F	P
Pz	−0.60（0.10）	−3.587（0.18）	1232.267	0.000
P1	−0.73（0.17）	−2.58（0.123）	401.426	0.000
P2	−0.92（0.34）	−4.111（039）	481.883	0.000
POz	−0.75（0.11）	−3.61（0.26）	1195.863	0.000
PO3	−1.20（0.16）	−3.61（0.26）	499.824	0.000
PO4	−1.05（0.12）	−4.13（0.27）	858.988	0.000
Oz	−0.22（0.03）	−4.42（0.18）	2981.466	0.000
O1	−0.48（0.15）	−3.719（0.17）	1927.520	0.000
O2	−0.82（0.07）	−4.51（0.37）	1123.022	0.000

7.6.3　行为数据

在产品服务组合中根据产品属性和服务内容的高低，分别统计了被试对不同产品服务组合的购买率，并进行了不同组合之间购买率的比较。其中在低产品属性高服务内容和高产品属性高服务内容的产品服务组合的比较中，当服务

固定好时,产品属性的提升没有带来更高的波幅,但是产品服务组合的购买率大幅度提升。低产品属性高服务内容的产品服务组合的购买率是 0.215,高产品属性高服务内容的产品服务组合的购买率是 0.730,购买率大幅提升,购买率增加比率为 3.40,产品属性的提升对购买率的增加作用显著。与认知有关的 N170 成分的增加带来了购买率的增加。

在低产品属性低服务内容的产品服务组合和高产品属性低服务内容的产品服务组合的比较中,当服务固定差时,产品属性的增加也会使购买率大幅度增加。产品服务组合的购买率由 0.277 增加至 0.6856。即 N170 冲突成分出现,消费者认知增加,高产品属性能够代表与消费者需求更为一致的信息,因此产品服务组合的购买率增加。N170 成分的波幅成分越大,消费者的购买率越大。可见,消费者对产品属性的认知在购买决策过程中发挥重要作用,即消费者在产品服务组合中对产品内容信息的反应更为敏感。即产品属性的增加会占据消费者的认知资源,促进消费者购买决策的形成。产品属性在以产品为导向的产品服务系统中发挥作用显著。

在低产品属性低服务内容的产品服务组合和低产品属性高服务内容的产品服务组合的比较中,当产品属性固定差时,服务的提升并不能带来购买率的增加。产品服务组合的购买率由 0.27 降至 0.21。虽然认知成分提升,但是没有对决策产生影响。产品属性一旦难以满足消费者的需求,就难以通过服务内容的提升进行弥补,可见在以产品为导向的产品服务系统中产品属性的重要性。在高产品属性低服务内容的产品服务组合和高产品属性高服务内容的产品服务组合的比较中,当产品属性固定好时,服务内容的提升使购买率从 0.685 提升至 0.73,增长的比率为 1.066。当产品属性是消费者可以接受的水平时,服务能够带来购买率的增加,这与其能够诱发与情绪有关的正成分相关。但是购买率的增加幅度显著小于产品属性固定好时的购买率增加值,也说明了产品属性在产品服务组合购买决策中的重要作用。

在消费者对以产品为导向的产品服务组合的购买决策的分析中,发现高产品属性的产品服务组合能够诱发较大的 N170,并且消费者对高产品属性组合的购买率高。N170 的诱发反映了被试对所浏览的信息与大脑中所需信息的一致性情况,越是与自身相似的信息越能够诱发较大振幅的 N170,从而说明了 N170能够反映消费者对产品的需求,即 N170 成分越显著,越符合消费者的需求。在产品导向的产品服务组合中,消费者在面对高产品属性时,能够诱发高的 N170成分,证实产品属性在以产品为导向的产品服务组合中是消费者熟悉和关注的重点，同时高产品属性的高购买率也进一步证实，在以产品为导向的产品服务系统中，消费者对产品属性的需求更为敏感。当 N170 增加后，产品服务组合的购买率增加。当产品属性好时，购买率值高，服务提高能够促使购买率增加，增加幅度不大。当产品属性差时，购买率低，并且提升服务并不能提升购买率。当服务处于高水平时，产品属性好的购买率显著高于产品属性差的购买率。当服务处于低水平时，产品属性高的购买率高，增幅很大，变化显著，消费者对高产品属性的认知对产品服务组合的购买行为有较大的影响。

7.7 本章小结

本书通过对产品内容和服务内容的属性高低进行分类，分别比较当服务（产品）处于同一水平或高或低时产品（服务）属性的变化对产品服务系统购买率的影响，并应用事件相关电位分析当产品服务组合中的某一要素发生变化后，对其购买率产生影响的神经机制，进而通过影响程度的大小，确定要素需求的敏感程度。通过与认知和分类加工、熟悉程度有关的脑电成分，证实了需求敏感度大的要素能够诱发较大的 N170 成分，从心理和神经机制解释了消费者需求产生的内在机制，也从神经科学的角度一窥和评估消费者的需求，通过 N170 成分的形成条件，将其应用于对消费者需求的评估，即 N170 的诱发代表了与消费者自身信息的相似程度，即越大越能够说明其需求的敏感度大。无论服务内容的好与坏，当产品属性提升后都会增加 N170 成分。当服务内容处于低水平时，提升产品属性作用显著。当服务内容处于高水平时，产品属性的增加会增加认知成分，更符合消费者的预期。在研究中通过分析消费者对产品服务组合中不同要素的需求，初探了在产品服务系统中产品和服务的关系。因此，为了研究产品服务组合中的消费者对要素需求的敏感程度，对产品服务系统中的两种要素进行划分，分别列出高低两种内容，通过事件相关电位的实验和行为数据比较消费者需求的变化。在产品导向的产品服务组合中，消费者在面对高产品属性时，能够诱发高的 N170 成分，证实产品属性在以产品为导向的产品服务组合中，属于消费者熟悉和关注的，同时高产品属性的高购买率也进一步证实，在以产品为导向的产品服务系统中，消费者对产品属性的需求更为敏感。

第8章　消费者认知能力对产品服务系统购买决策的影响

8.1　消费者认知能力的神经学基础

对认知的最早研究出现在医学领域，1947 年出版的《变态心理学杂志》对电击休克中的认知功能损益进行了研究。美国心理学家 H. A. Witkin 通过对知觉的研究抽离出认知能力的两种类型，分别为独立型认知和依赖型认知：所谓独立型即对客观事物的判断常以自己的内部线索（经验、价值观）为依据，不易受周围因素的影响和干扰；所谓依赖型即对客观事物的判断常以外部的线索为依据，易受周围环境或背景的影响。随着消费力加强，研究者逐渐将对认知的研究延伸到消费领域。Oshikawa 和 Sadaomi 指出，通过认知失调的降低可以增加品牌回购率。Noel 和 Roger 认为基本的认知能力措施是消费者信息处理策略的预测因子。消费者对产品质量的认知与消费者购买决策过程中的问题认知是一个相互影响的过程，企业必须从消费者行为角度出发，加强产品认知质量管理。品牌认知直接影响消费者的当前购买行为，并通过品牌关系影响消费者的未来购买行为。

认知需求是指个体在思考问题和信息加工中所具有的不一样的倾向。Cohen 等（1955）首次提出了认知需求这一个概念，把认知需求描述为用以表示人们用有意义和整合的方式理解相关情景的需要，认为认知需求强调的是这种需求不获满足时个体的紧张和被剥夺感，从而促使个体积极地努力去组织情景、提高理解。他们发现，高认知需求的大学生对模糊的故事的兴趣比结构清晰的故事的兴趣要小，也更不喜欢模糊的故事。Cacioppo 和 Petty（1986）发现，高认知需求者倾向于对呈现给他们的说服性信息进行周密的思考和精细的加工，从而决定是否接受说服。Cacioppo 和 Petty（1996）对认知需求做了一个定义，认知需求是指人们是否愿意从事周密的思考以及能否从探入的思考中获得享受，人们在这个倾向上存在明显的个体差异，高认知需求者倾向于从事复杂的认知任务，喜欢从经验中获得最多的信息，喜欢在从事一项工作的时候寻找和详细分析有关的资料，并愿意集中精力完成这一项工作；低认知需求者更多的是回避对认知任务的思考，他们对于认知需求高的人更有可能扭曲信息或者忽略问题和相关的信息。

Waller（1994）的研究也指出，低认知需求的人在信息加工中更加依赖常规性的信息，而高认知需求的人更倾向于对所需要的信息投入更多的认知努力。Cohen 等对认知需求的研究指出，成长需求强度是个别员工发挥其创新的重要因素，而其是受到个人因素中的认知需求的影响。顾客的认知需求是指顾客的独特需求与需求强度，对顾客认知需求的探索有助于分辨每个顾客在面对不同信息时不同的动机。通常我们认为只有少数人具备创造力这一特质，但是创造性的认知过程却是人类所共有的一种基本能力。作为日常生活的必要组成部分，我们每天都面临着各种各样的问题，因此，需要把现成的简单想法整合起来创造出更加复杂的创意来解决这些问题。个体在创造性认知过程中伴随着很多更具探索性、灵活性与发散性的思维方式，这将可能产生更具多变性与新颖性的解释与结果。在解决问题的具体过程中，创造性认知过程的使用水平对创造性想法与产品创意的产生具有决定作用。对于外在因素对顾客创新性的影响研究中发现，创造性认知过程与顾客创新结果的新颖性之间存在正向相关关系。在研究顾客创造性的驱动因素时，学者发现类比思考能力能够增强他们解决问题的创造性，而类比思考能力就是创造性认知过程所包含的重要心理活动。目前，对于消费者创造力、用户创新和顾客知识管理，学者已有了一系列的深入研究，但现有的顾客决策是"选择、确定策略"，是一个动态的过程，在这一过程中，个体需要运用自己的感觉、知觉、记忆、思维等做出判断与选择。

美国决策研究专家黑斯蒂给决策下了一个概括而全面的定义，决策与判断是人类（及动物或机器）根据自己的愿望（效用、个人价值、目标、结果等）和信念（预期、知识、手段等）选择行动的过程。决策者的认知、需要、情感、动机等心理因素以及文化背景因素、决策情境因素等都会对真实的决策过程产生重要影响。低认知需求的人在信息加工中更加依赖常规性的信息，而高认知需求的人更倾向于对所需要的信息投入更多的认知努力。认知需求是指人们是否愿意从事周密的思考以及能否从探入的思考中获得享受，人们在这个倾向上存在明显的个体差异。高认知需求者倾向于从事复杂的认知任务，喜欢从经验中获得最多的信息，喜欢在从事一项工作的时候寻找和详细分析有关的资料，并愿意集中精力完成这一项工作；低认知需求者更多的是回避对认知任务的思考，他们比起认知需求高的人更有可能扭曲信息或者忽略问题和相关的信息。服务是客户与服务提供者之间为了创造/获得价值并共担风险的交互过程。协同创造价值、服务双方关系、服务的供应是服务的三大特征。其中，最主要的特征在于协同创造价值；而服务创新的重要特征在于创造新的附加价值。服务价值是顾客或提供者在其期望的某一方面的状态的改善及改善程度。国内外学者给出了多个服务价值的定义。这些价值理论的共同特点在于都认为服务价值由多个因素决定。服务价值是一种主观感知和认同，即消费者产生需求时选择什么样的产品来满足需求，以及选择何种方式（渠道）来获取产品。而产品的价值不仅对于产品本身的选择决策（较之可以满足需求的替代品）至关重要，它也会影响消费者获取产品的方式和途径的决策。另外，源于产品购买情境的购物价值是指消费者对其在商店购物经历（体验）的评价，该价值强调的是消费者获取期望产品的过程，即商店是如何将产品提供给消费者的，而不仅仅是产品本身。

Porter（1985）把顾客价值定义为买方感知性能与购买成本的一种权衡。Zaithaml（1988）根据探索性因子实证分析，总结出顾客感知价值具有"低价""顾客想从产品或服务中获取的东西""顾客付钱买回的质量""顾客的付出所能获得的全部"四种含义。顾客感知价值是顾客在获取产品或服务的过程中所能感知所得的利益与其所付出的成本进行权衡后对产品或服务效用的总体评价。对组织顾客而言，顾客感知价值是组织顾客在和供应商的市场交易中所获得的一系列的经济、技术、服务和社会利益。顾客感知价值就是相对于企业产品价格调整后的市场感知质量。顾客感知价值是顾客感知到的对产品属性、偏好以及由使用而产生的对顾客的目标或目的结果的偏好和评价。科特勒把顾客感知价值定义为总顾客价值与总顾客成本之差。多数的学者认为顾客感知价值有以下几个共同特点：顾客感知价值是由企业提供给顾客的价值；顾客价值是顾客感知到的价值；顾客感知价值最终由顾客决定，而非企业决定，但企业对顾客感知价值有重大影响；顾客感知价值的媒介是企业所提供给顾客的产品或服务；顾客感知价值是顾客权衡的结果，是顾客在感知利得与感知利失之间的权衡。感知利得包括产品的使用功能、服务价值、心理利益价值、消费者剩余、所获得的信息知识价值等价值要素。感知利失包括顾客在购买时所付出的所有成本，如购买价格、获取成本、时间成本、精力成本及感知到的交通、安装、订单处理、维修等风险。综上所述，本书对顾客感知价值定义如下：顾客感知价值是在购买、使用或消费产品/服务的过程之中，顾客基于对感知利得（感知收益）和感知利失（感知成本）的权衡而形成的对产品或服务效用的总体评价。

关于顾客感知价值的维度，很多学者从实证的角度提出自己的观点。Sheth Newman 和 Gross（1991）认为，产品和服务给顾客提供功能价值、情感价值、情境价值、认识价值和社会价值五种价值。Indrajit 和 Wayne（1998）认为，顾客感知价值具有价格、质量、利得、利失等多维结构。Burn（1993）认为，顾客价值包含拥有价值、产品价值、使用价值以及总评价价值四种价值形式。Kotler（2000）认为，应从总顾客价值和总顾客成本两个方面对顾客感知价值进行分析：总顾客价值包括产品价值、服务价值、人员价值和形象价值四个维度，而总顾客成本有货币价格、时间成本、精力成本和体力成本等维度。Sweeny 和 Soutar（2001）根据 Sheth 的量表，通过实证研究表明，顾客感知价值具有情感价值、社会价值（自我概念感知的提高）、功能性价格价值和功能性质量价值四个维度。顾客关系是顾客感知价值的又一维度。Huber（2000）认为产品或服务蕴涵的潜在风险是顾客感知价值的新维度。顾客感知价值作为顾客感知质量与感知价格的函数的观点也已得到广泛的认可。关于顾客感知价值驱动因素，顾客感知价值主要由产品质量、服务质量和价格等因素构成。Indrajit 和 Wayne（1998）认为，顾客感知价值是由价格、质量、利得、利失驱动的多维结构。关系也是顾客价值的重要驱动要素，品牌权益也是一个重要的价值驱动因素。Berry（2000）甚至认为顾客感知的价值就是企业品牌本身。体验是顾客感知价值的又一驱动因素。基于消费者认知能力的差异，本书提出如下假设：

H_1：顾客价值刺激能够诱发与情绪有关的 ERP 成分，其中高认知能力组所诱发的 LPP 振幅高于低认知能力组所诱发的 LPP 振幅。

H_2：顾客成本刺激能够诱发与认知有关的 ERP 成分，其中低认知能力组的消费者所诱发的 ERP 振幅将高于高认知能力组的消费者。

8.2　产品服务系统价值影响因素的实验方法

8.2.1　被试和实验设计

31 名硕士研究生作为实验的被试，他们来自不同的专业，其中 16 名女生，年龄介于 22 岁和 28 岁之间, 平均年龄为 25.4 岁。所有的被试视力正常或者经矫正后视力正常, 无精神病史或大脑损伤, 右利手。每位被试在实验之前被告知了实验的注意事项, 以及实验的安全性。每位被试均自愿参加实验, 并且签署了实验知情书。其中一名被试在实验过程中问卷信息回答遗漏, 将其数据信息删除, 因此最终计入 30 名被试的数据, 包括 16 名女生, 14 名男生, 平均年龄是 24.2 岁。

实验采用双因素混合实验设计 (认知能力、服务价值)。其中, 认知能力是被试间变量, 分为高认知能力组和低认知能力组两个水平, 服务价值是被试内变量, 有顾客价值和顾客成本两个水平。实验的自变量为被试的认知能力, 因变量为被试的购买率、决策时间以及与认知和情绪有关的 ERP 振幅。根据消费者对服务感知价值的测量, 将被试划分为高认知能力组和低认知能力组, 问卷包括对消费者对服务的接受能力的测量、对服务的态度的测量、对服务的购买经验, 以及对服务风险的感知等维度。综合以上因素, 按照问卷的数值对消费者对服务的认知能力进行划分, 将被试划分为高认知能力组和低认知能力组, 分别为 15 人。

8.2.2 实验素材

产品服务组合已经成为网络购物平台销售的新形式, 本书将采用京东商城提供的电子产品的产品服务组合和目前新兴的 O2O 模式下的产品服务组合的提供。根据中国电子产品 2014 年零售产品的消费总量以及京东商城的销量, 将实验素材确定为面向服务的产品服务组合, 包括 E 袋洗、ofo bicycle 共享单车平台、呱呱洗车、滴滴快车 4 种, 每种组合提供六个方面的服务价值和 6 个方面服务成本描述。例如: E 袋洗的服务描述包括提供上门取送洗衣服务; 提供上门取送洗鞋服务; 提供上门取送皮包养护服务; 提供上门取送高端服饰的洗护服务; 提供上门取送奢侈品皮具养护服务; 制定洗衣法和质量标准, 对清洗流程有严格要求, 保证清洗品质。服务成本包括手机 APP 预约下单; 按袋洗, 99 元每袋; 按件洗, 9 元每件, 19 元每件, 29 元每件; 高端洗护按件洗, 38 元起; 奢侈品皮具养护, 100 元起。

8.2.3 实验程序

实验在北京航空航天大学行为和人因实验室中进行, 实验室的自然环境能够保证 ERP 实验的顺利进行。实验前被试被告知了实验过程中的注意事项,当被试佩戴电极帽后,指导被试将左、右食指分别放在键盘的 F、J 键上,以便按照实验指导语进行购买决策。实验的刺激包括 4 种可在线购买的服务,具体表现为 4 种服务×6 种服务价值×6 种服务成本。实验中刺激的呈现顺序如图 8-1所示。每次实验首先呈现"+"图片,持续时间为 2000 毫秒;其次呈现服务名称图片,持续时间为 2000 毫秒;再次呈现服务内容图片,持续时间为 2000 毫秒;然后呈现服务价格图片,持续时间为 2000 毫秒;最后呈现被试进行购买决策的图片,写明愿意购买该产品请按 F 键,否则按 J 键,持续时间为 4000 毫秒,之后进入下一轮测试。实验中服务成本和服务价值随机呈现。

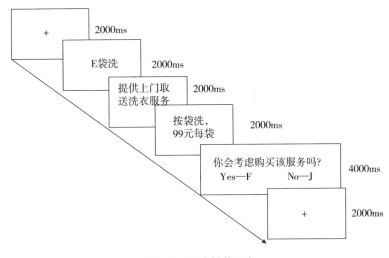

图 8-1　实验刺激顺序

在实验指导语中介绍了被试需要完成的任务,即通过浏览服务内容做出是否购买的决策,并且提示被试尽快做出决策,如果选择购买按 F 键,不购买则按 J 键。在正式数据采集前,每位被试均进行了 5 次练习,练习后每位被试都独立进行了 144 次的测试。实验的刺激呈现运用 E-prime2.0 软件进行编程,运用 Net Station4.3.1 脑电记录分析系统记录和分析 EEG 数据。被试将佩戴 64 导电极帽,参考电极为 Cz 点,采样频率为 500Hz。E-prime 软件将记录被试的行为数据,包括被试的反应时间和输入的数值等。采集的 EEG 数据将通过滤波、分段、剔除伪迹、基线校正、总平均叠加,最终得到两种条件下的 ERP。采用无相移数字滤波的模式,将 EEG 数据进行了低通 35Hz 的数字滤波。

根据被试的认知能力,将被试划分为高认知能力组和低认知能力组。分别截取被试对服务价值和服务成本的脑电信号数据，将 EEG 进行分段，截取刺激发生前 200 毫秒，刺激后取 800 毫秒。其中被试伴有眨眼（±140μV）和眼动（±55μV）等伪迹的数据被剔除。最终按照分段的数据分别进行平均叠加，得到两种认知能力组的 ERP，并参考刺激出现前 200 毫秒的脑电波形进行基线校正。对于不同条件下 ERP 振幅的比较将采用组内单因素重复方差检测的方法。方差分析的因素包括实验条件（高认知能力组和低认知能力组）和电极位置（C1、C2、C3、C4、Cz），（P1、P2、Pz）和（Oz、O1、O2）。

8.2.4 EEG 记录与分析

实验的刺激呈现运用 E-prime2.0 软件进行编程，运用 Net Station4.3.1 脑电记录分析系统记录和 EEG 数据。实验被试在进行购买决策时，运用美国 EGI 公司的脑电设备对脑电信号进行数据采集，被试将佩戴 64 导电极帽，按照国际 10-20 系统来放置电极，参考电极为 Cz 点，采样频率为 500Hz。电极帽与 Net Amps 300 放大器相连接，采样频率为 500Hz。对脑电波采用无相移数字滤波模式，滤波器为有限冲激响应数字滤波器，滤波带通为 0.03～100Hz。E-prime 软件将记录被试的行为数据，包括被试的反应时间和输入的数值等。采集的 EEG 数据将通过滤波、分段、剔除伪迹、基线校正、总平均叠加，最终得到两种条件下的 ERP。对数据采用无相移数字滤波的模式，将 EEG 数据进行了低通 30Hz 的数字滤波。实验刺激通过 E-prime2.0 软件呈现，该软件能够记录被试的反应时和购买决策等行为数据。E-prime2.0 软件与 Net Station 软件连接后，被试在观看实验刺激时的脑电数据则会由 Net Station 记录。脑电信号数据采集成功后，将利用 Net Station 4.3.1 对 EEG 数据进行处理，并以获得最终的事件相关电位为目的。

8.3 脑电数据分析

8.3.1 服务成本所诱发的 LPP

当被试浏览服务内容时在大脑的顶区和枕区诱发了 LPC，潜伏期在 400 毫秒。图 8-2 显示了当刺激呈现 400 毫秒时的脑地形图，其中低认知能力组所诱发的 LPP 波幅大于高认知能力组所诱发的 LPP 振幅。这种枕区被更大程度地激活的现象反映了被试的认知和信息加工过程。不同认知能力组所诱发的 LPP 在大脑枕区电极所诱发的振幅存在显著差异，为了评估不同认知能力的消费者对服务成本认知的差异，在 400~500 毫秒的时间窗口下，对三个电极在不同服务的条件下的 LPP 波形分别进行平均，进行 2（低认知能力组、高认知能力组）×3（3 个电极位）被试内重复测量方差分析，低认知能力组和高认知能力组在相同电极下的 ANOVA 分析结果表明，在 400~500 毫秒时间窗口内，低认知能力组和高认知能力组在相同电极诱发的 LPP 振幅存在显著差异。

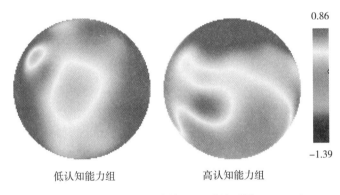

低认知能力组　　　　高认知能力组

图 8-2　服务成本所诱发的 LPP 脑地形图（400ms）

8.3.2　服务价值所诱发的 LPP

当被试浏览服务内容时在大脑的顶区和枕区诱发了 LPC，潜伏期在 400 毫秒。图 8-3 显示了当刺激呈现 400 毫秒时的脑地形图，其中高认知能力组所诱发的 LPP 波幅大于低认知能力组所诱发的 LPP 振幅。这种中央区和顶区被更大程度地激活的现象反映了被试的认知和情绪加工过程。不同认知能力组所诱发的 LPP 在大脑枕区电极所诱发的振幅存在显著差异，为了评估不同认知能力的消费者对服务价值认知的差异，在 400~500 毫秒的时间窗口下，对 6 个电极在不同服务的条件下的 LPP 波形分别进行平均，进行 2（低认知能力组、高认知能力组）×3（3 个电极位）被试内重复测量方差分析，低认知能力组和高认知能力组在相同电极下的 ANOVA 分析结果表明，在 400~500 毫秒时间窗口内，低认知能力组和高认知能力组在相同电极诱发的 LPP 振幅存在显著差异。

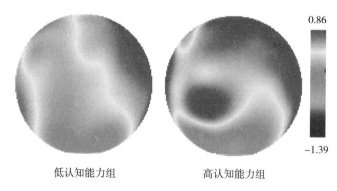

低认知能力组　　　　　　　　　高认知能力组

图 8-3　服务价值所诱发的 LPP 脑地形图 （400ms）

8.3.3　行为数据分析

被试在规定时间内做出了购买决策，实验数据有效。在不同的产品服务组合中根据被试认知能力的高低，分别统计了不同认知能力组的被试对产品服务组合的购买率，并进行了不同认知能力组之间购买率的比较。高认知能力组的购买率为 52.98%，方差为 0.18，低认知能力组的购买率为 31.07%，方差为 0.17。对高低认知能力组的重复方差检验显示，F 检验两者具有显著差异 $[F = 110.514, P < 0.05, \eta^2 = 0.467]$，显示被试对服务的认知能力对购买决策存在显著影响。高认知能力组对产品服务系统的购买率显著高于低认知能力组对产品服务系统的购买率，说明认知能力对购买决策具有显著的影响。

8.4　结果讨论

顾客感知价值是顾客在获取产品或服务的过程中所能感知所得的利益与其所付出的成本进行权衡后对产品或服务效用的总体评价。消费者对产品质量的认知与消费者购买决策过程中的问题认知是一个相互影响的过程，企业必须从消费者行为角度出发，加强产品认知管理。顾客感知价值是组织顾客在和供应商的市场交易中所获得的一系列的经济、技术、服务和社会利益。顾客价值定义为总顾客价值与总顾客成本之差。顾客感知价值就是相对于企业产品价格调整后的市场感知质量。顾客感知价值是顾客感知到的对产品属性、偏好以及由使用而产生的对顾客的目标或目的结果的偏好和评价。服务价值是顾客或提供者在其期望的某一方面的状态的改善及改善程度，是供需双方所追求的最终目标。价值是买方愿意为企业提供给他们的产品与服务所支付的价格，服务价值取决于顾客的感知和认同。服务价值由多个因素决定，服务价值表现为一种主观感知和认同。

8.5　本章小结

消费者由于对产品和服务的购买经历和认知程度等存在差异，表现为消费者对服务价值和服务成本的认知存在较大的差异，消费者对产品服务系统的认知能力不同。通过事件相关电位的研究方法，证实了不同认知能力的消费对产品服务系统的购买决策存在差异，并且针对服务价值和服务成本的感知差异，证实了消费者在购买决策过程中认知和情绪的共同作用。认知需求是指人们是否愿意从事周密的思考以及能否从深入的思考中获得享受，人们在这个倾向上存在明显的个体差异：高认知需求者倾向于从事复杂的认知任务，喜欢从经验中获得最多的信息，喜欢在从事一项工作的时候寻找和详细分析有关的资料，并愿意集中精力完成这一项工作；低认知需求者更多的是回避对认知任务的思考，他们比起认知需求高的人更有可能扭曲信息或者忽略问题和相关的信息。低认知需求的人在信息加工中更加依赖常规性的信息，而高认知需求的人更倾向于对所需要的信息投入更多的认知努力。服务价值是一种主观感知和认同，即消费者产生需求时选择什么样的产品来满足需求，以及选择何种方式来获取产品。而产品的价值不仅对于产品本身的选择决策至关重要，它也会影响消费者获取产品的方式和途径的决策。顾客价值刺激能够诱发与情绪有关的 ERP 成分，其中高认知能力组所诱发的 LPP 振幅高于低认知能力组所诱发的 LPP 振幅。顾客成本刺激能够诱发与认知有关的 ERP 成分，其中低认知能力组的消费者所诱发的 ERP 振幅将高于高认知能力的消费者。

第9章 研究结论与展望

9.1 研究结论

基于脑科学的关于人类认知和心理的研究已经成为当代最新的研究领域之一，研究焦点开始转向人的因素，重视人的认知和情绪以及其对行为影响的研究。神经管理学是神经科学、认知神经科学、心理学和管理学融合而产生的交叉学科，是运用神经科学和其他生命科学技术来研究经济管理问题的国际新兴前沿学科，它主要通过研究人们面对经典经济管理问题时的大脑活动来审视人类决策行为，以及与管理相关的社会行为与人性。无论是在以顾客需求为导向的生产模式背景下，还是从企业管理激励员工的角度，如何发挥人的主动性即主观动机即将成为管理学领域的新理念，这就需要从脑科学、心理和神经机制对传统的研究方法进行补充或者重新验证。关于产品服务系统和感知价值的研究虽然是多年来学者关注的热点，但是应用神经管理学的研究方法，分析影响产品服务系统感知价值和购买决策的研究仍处于初级发展阶段，消费者面对产品服务系统进行决策的神经机制仍有待论证。本书以产品服务系统的价值构成和感知价值的理论为出发点，采用神经管理学的研究范式，分析消费者感知价值评估和购买决策的心理和神经机制，在一定程度上摆脱了传统模型和问卷研究主观性较强的桎梏，实现了心理学、神经管理学、管理学、服务科学和消费者行为学的交叉应用，极大地拓展了管理学的研究空间，具有较强的理论和企业指导意义。

研究发现：①当被试浏览产品属性和服务内容时，两种刺激所诱发的事件相关电位存在显著差异。服务内容诱发了显著的 EPN 和 LPP 成分，并且大脑的左前额区域出现了被激活的状态，出现了左右侧电极的 LPP 振幅不对称的现象，证实了服务内容对积极情绪的诱发。而产品属性没有诱发 EPN 成分，虽然出现了晚期正成分 LPP，其振幅也显著低于服务内容所诱发的 LPP，可见产品属性所诱发的情感效价与服务内容之间存在显著差异。②在比较产品服务组合中消费者对产品属性和服务内容的不同的情感卷入的基础上，证实了服务对消费者积极情绪的诱发；进而对产品服务组合中的服务按照情绪值进行划分，证实了高情绪值的服务能够诱发消费者更大的情感效价，具体表现为更大的 LPP 振幅。③运用以服务为主体的产品服务组合的形式，分析了消费者对服务价值和服务成本的认知和情感卷入的差异，分析了消费者在决策过程中的认知和情绪的交互作用。服务成本在顶区和枕区所诱发的 LPC 振幅高于服务价值，服务成本将占用消费者更多的认知资源。产品服务组合中的服务价值需要消费者调用认知资源进行信息加工和处理才能感受其服务价值，也会占用认知资源，但是由于服务价值能够诱发消费者的积极情绪，因此在额区和中央区所诱发的 LPC 振幅高于服务成本。研究显示，当人们处于积极的情绪状态下，人们对整体的判断将会减少注意，说明了当被试观看服务价值刺激时由于能够诱发积极情绪，所以占用了较少的顶区和枕区的注意和认知资源。

9.2　研究展望

本书将神经营销学应用于分析消费者对产品服务系统的需求问题，为传统消费者行为的研究拓宽了思路，有益于促进交叉学科的应用和发展，具有研究价值和前瞻性。例如，服务科学是在电子商务和管理学的发展中由多学科高度融合而形成的全新的科学领域。服务科学围绕着服务质量等实质性内容，但同时人的因素起着至关重要的作用，需要同时兼顾科学性，这就要求其能够采用量化的研究方法对人的行为和心理进行测量，研究方法目前仍处于探索之中。学者们能够在服务与产品存在差异上达成共识，但仍有大多数的研究搬用产品设计和质量感知的相关方法来研究服务管理，在诸多方向尚未形成体现服务本质特征的理论体系和研究范式。服务本质的无形性为传统的研究方法提出了极大的挑战，难以实时掌握消费者对服务价值的感知。通过本书中服务要素对产品服务系统感知价值的影响的研究，将为服务科学与神经学的结合提供思路，能够通过脑科学的研究方法对人的行为和心理进行测量和观测，有效地解决了服务科学中人的因素难以控制和测量的问题,催生神经服务科学。服务科学领域的大多数变量都难以采用传统的问卷进行衡量,服务本质的无形性,以及服务交易中人所发挥的决定性作用,导致这一领域迫切需要采用一种行之有效的研究方法,神经科学的出现和应用将促进该学科的新发展。神经服务科学的研究方向可以涉及服务提供者的管理、服务流程设计、服务创新、服务定价、服务营销和"互联网+服务"等相关研究。

　　研究结论能够为优化产品服务系统提供指导。伴随着产品服务系统的出现,消费者传统的对产品和服务的认知也将发生变化。产品服务系统是基于客户需求的客户导向模式的产物,企业会以客户的需求为导向,设计差异化的服务和产品服务组合形式。企业提供产品服务系统的主要目的是满足客户需求进而提升竞争优势,这就要求企业能够掌握消费者对产品服务系统的认知和评估标准,并深入挖掘顾客需求。产品服务系统包含不同的形式,服务化的程度存在差异,消费者的认知以及购买行为也将有所不同。神经管理学不断完善经济管理科学,使人们更加了解人类行为的神经学原因,为企业制定经济管理政策提供更多的理论和实证帮助。消费对产品服务系统的价值认知在消费者行为中发挥重大作用,直接指导消费者购买决策。目前网络购物已经越来越得到消费者的认可,但是由于不断推陈出新的产品服务组合的出现,将会再次影响消费者的认知,尤其是在线上和线下多种销售渠道的背景下。本书能够依据事件相关电位实验的研究结论实现消费者对不同类型产品服务系统各要素感知价值的评估,根据与消费者认知和情绪有关的 ERP 成分的分析,依靠反映评价产品服务系统感知价值的波形为优化产品服务系统和提升感知价值提供思路,在中国制造业转型的背景下具有显著的现实意义。

　　研究结论有助于产品服务系统的创新和定制。伴随着制造业服务化的趋势,制造企业提供产品服务系统可以成为中国制造业转型的模式之一。服务是产品服务系统中最重要的组成要素,在制造业价值增值的过程中发挥越来越重要的作用,伴随着服务要素的投入,制造业价值产生的来源将由传统的生产过程不断向基于服务投入的产品设计和开发以及产品营销和售后服务等方面转移。由于服务要素的特殊性,制造企业希望通过提供差异化的服务提升竞争优势并创造价值,服务的作用以及与产品的关系正在发生巨大变化,甚至在某些领域会出现产品作为服务的载体的形式呈现,这需要这些企业在提供产品的基础上,了解消费者的需求,掌握消费者对产品服务系统感知价值评估的心理和神经机制,促进提供与产品相关的服务,有助于服务创新和服务定价。

研究成果可应用于指导产品服务系统营销。成功的现代服务营销是那些有效地开发对消费者有价值的服务，并运用富有吸引力和说服力的方法，将现代服务成功地呈现给消费者的企业和个人。掌握消费者对现代服务需求的形成及其发展规模，对研究消费者的购买现代服务的行为和心理活动规律具有重要意义。如果企业能够掌握消费者的心理，新的服务可能会改变或者创造消费者的需求，进而形成企业独有的竞争优势。本书应用神经管理学的研究方法解释了消费者认知能力和消费学习对产品服务系统感知价值的影响，比较控制组和实验组被试的 ERP 振幅差异，指出影响消费者感知价值和购买决策的因素，有助于企业通过消费者学习、培训、讲座或者体验等方式来增强消费者认知，选择有效的营销手段。因此，采用事件相关电位的实验方法能够一窥消费者在产品和服务接触过程中真实的心理反应，研究结论能够应用于采用有效的方式进行区别于单一产品和服务的营销。

在产品服务系统中，服务是最为重要的因素，是差异化和竞争优势的重要来源。产品服务系统能够按照产品服务化的程度对产品与服务的组合进行细致界定，区分产品与服务要素的功能，明确不同产品与服务组合的差异性。在消费者行为的研究中，主要集中于消费者对产品或服务的感知价值，而对于产品服务系统的感知价值以及其中各个要素的认知和情感卷入的研究则很少出现。消费者对产品服务组合的感知价值区别于单一产品属性和服务内容的感知，消费者将对产品属性和服务内容的价值进行整合，形成最终的产品服务系统的价值感知。但是在消费者对产品属性和服务内容的价值感知进行整合的过程中，消费者对于产品属性和服务内容的感知利得的分配与权重则难以衡量。由于服务的配置和设计能够有效地实现产品服务组合的差异化，实现顾客价值的创造，这将增强企业的竞争优势。因此，产品服务系统的设计过程中，如何实现核心产品与附加服务的捆绑以及提升消费者对产品服务化的感知价值至关重要。

目前存在一些研究运用 EEG 的方法解释人脑对不同情绪类型的文字或者图片所诱发的 ERP 成分和波形的研究，也不乏应用于广告、品牌和产品属性感知等领域，但是尚未出现将 EEG 的研究方法应用于消费者对产品服务系统感知价值的层面。虽然众多学者对运用神经科学方法研究消费者行为抱有浓厚的兴趣，但受到研究工具的限制，目前的相关研究尚处于起步阶段。例如 fMRI 技术在刺激发生后大脑活动随时间变化的问题上解释力度稍弱，因为 fMRI 的时间分辨率只有 1~3 秒，与此对应，事件相关电位的时间分辨率可达微秒级，虽然在空间分辨率上较 fMRI 稍弱，但在以往的研究成果基础上可以快速定位相关刺激引发的活动脑区的电极,进而研究该部分脑区在时间进程上的活动。消费者对产品服务系统的需求问题,若能够运用与认知和情绪有关的 ERP 成分来进行量化研究,则有助于深度挖掘消费者需求,创新产品服务系统的发展。

基于对目前产品服务系统及消费者需求和决策的研究成果的总结,无论是研究方法还是研究内容,甚至是具体的实验设计都有较大的改善空间。未来的研究如果可以兼具神经管理学、心理学和消费者行为三方面,不仅有利于解释消费者对产品服务系统的需求认知和购买决策,而且可以从神经层面解释影响消费者对产品与服务替代和互补的机制,找到消费者评估产品服务组合的神经刺激回路,符合当前消费者行为研究中多学科理论交叉与融合的发展趋势。

消费者情绪在消费者购买决策中扮演着重要的角色,甚至影响消费者行为。消费者在追求产品的效用的同时更加关注购买过程中的情感经历,诱发消费者的积极情绪也被视为一种新型的营销手段。网络购物已经成为中国市场的一种重要购物模式。网络购物平台已经开始通过不同的方式增强其竞争力,电商平台已经开始提供产品服务组合,在网站的页面下,消费者可以如同选择产品属性一样选择服务的内容,并且进行购买,这对于消费者是一种全新的网络购物体验。消费者在产品服务组合的选购过程中,鉴于服务的差异性和多样性的特点,研究产品服务组合对消费者情绪和价值认知的影响具有重要的现实意义。本书通过神经营销学的研究方法,运用与认知和情绪有关的事件相关电位成分,在比较产品服务组合中消费者对产品属性和服务内容的不同的情感卷入的基础上,证实了服务对消费者积极情绪的诱发;进而对产品服务组合中的服务按照情绪值进行划分,证实了高情绪值的服务能够诱发消费者更大的情感效价,具体表现为更大的 LPP 振幅;最后运用以服务为主体的产品服务组合的形式,分析了消费者对服务价值和服务成本的认知和情感卷入的差异,分析了消费者在决策过程中的认知和情绪的交互作用。

本书的主要内容具体表现为以下三个方面的内容:

(1)通过模拟网络购物环境实现被试对产品与服务组合的购买,运用事件相关电位的研究方法,分析了消费者在网络购物过程中的情感卷入。实验结果证实了消费者在网络购物过程中情绪的诱发,并且解释了产品和服务两者诱发的情绪类型存在差异。消费者在网络购物过程中,根据自身的认知能力对网站提供的产品和服务进行选择,但是情绪一直伴随消费者整个购买决策过程,网络购物环境或者网上所提供的产品信息及服务内容将成为诱发消费者情绪的主要因素。积极的情绪体验能够对消费者的购买行为产生积极影响并且提升消费者满意度。在第 3 章的实验研究中，产品服务组合选择的是面向产品的产品服务组合，其中服务内容只提供了直接与产品相关的服务。在本书中将实验刺激按照购物网站提供的产品属性和服务内容进行了分类。在产品服务组合中产品和服务是两个基本的组成要素，目前消费者可以按照需求对服务进行选择，但是由于产品和服务存在本质的区别，因此消费者对产品和服务的评估过程也将有所不同。

研究结果显示：在本书中当被试浏览产品属性和服务内容时，两种刺激所诱发的事件相关电位存在显著差异。服务内容诱发了显著的 EPN 和 LPP 成分，并且大脑的左前额区域出现了被激活的状态，证实了服务内容对积极情绪的诱发。而产品属性没有诱发 EPN 成分，虽然出现了晚期正成分 LPP，其振幅也显著低于服务内容所诱发的 LPP，可见产品属性所诱发的情感效价与服务内容之间存在显著差异。当被试浏览产品属性和服务内容时，EPN 和 LPP 作为与情绪有关的 ERP 成分被诱发，主要分布于大脑的前额区，并且出现了左右侧电极的 LPP 振幅不对称的现象。消费者在线进行产品与服务组合的购买决策时，当浏览产品和服务的信息时情绪将会被诱发，具体表现为与情绪有关的 ERP 成分的出现，其中 LPP 主要分布于大脑的前额区，并且左右电极的振幅呈现不对称性。对于产品属性所诱发的 LPP，在大脑的前额区右侧电极 LPP 的振幅高于左侧电极 LPP 的振幅；当被试浏览服务内容时，在大脑的前额区左侧电极 LPP 的振幅高于右侧电极 LPP 的振幅。

（2）通过应用神经营销学的研究方法，以经济学和管理学中消费者认知和消费者情绪的理论作为研究基础，主张学者们提出的非理性经济人的假设，消费者情绪影响消费者行为，以及关于服务价值感知主观评价的理论，应用脑成像技术和脑电图领域关于情绪的研究成果，从情感卷入的角度探讨了消费者对于产品服务组合中对服务价值的感知和评价，及其对购买决策行为产生的影响，具体表现为运用事件相关电位的方法对消费者网络购物的情感卷入进行了研究，主要结论是在消费者进行网络购物的过程中，与产品有关的服务能够诱发与情绪有关的 ERP 成分，这为评估产品服务组合提供了一种情绪测量的新维度，为产品服务组合的购买决策提供了一种神经学依据。

研究结果显示：当被试对服务内容进行选择时，服务内容刺激诱发了 LPP 成分，并且不同情绪值的 LPP 振幅存在显著差异，具体表现为高情绪值服务诱发的 LPP 振幅显著高于低情绪值服务所诱发的 LPP 振幅。LPP 振幅的大小反映了情感卷入的程度，更大的 LPP 振幅说明了当消费者在进行购买决策过程中，观看高情绪值的服务时可以诱发更强的积极情绪。基于实验后测的服务诱发的情绪值,可以明确本书中的服务所诱发的情绪均属于积极情绪。研究结果一方面证实了积极情绪将诱发大脑左前额的活动,另一方面证实了由服务诱发的情绪效价可以通过左前额区 LPP 振幅的大小来衡量。

(3)通过模拟消费者对以服务为主体的产品服务组合的购买情境,利用事件相关电位的方法,研究消费者对产品服务组合的价值感知,分析了消费者在购买产品服务组合过程中的认知与情绪的交互作用。产品服务组合的出现将会区别于消费者对传统的单一产品或服务的选择,这一购买决策过程将体现消费者认知和情绪的交互作用。在本书中选择以服务为主体的产品服务组合形式,产品逐渐成为提供服务的载体,由于这种产品服务组合正处于新兴的发展阶段,消费者对其的认知也存在较大的差异。面对这种新形式的服务的提供,消费者的购买决策将建立在对服务价值和服务成本的权衡基础之上。掌握消费者对于这种产品服务组合进行购买决策时的认知和情绪的交互作用,对于研究和设计新的产品服务组合具有重要的现实意义。

研究结果显示:服务成本在顶区和枕区所诱发的 LPC 振幅高于服务价值,服务成本将占用消费者更多的认知资源。产品服务组合中的服务价值需要消费者调用认知资源进行信息加工和处理才能感受其服务价值,也会占用认知资源,但是由于服务价值能够诱发消费者的积极情绪,因此在额区和中央区所诱发的 LPC 振幅高于服务成本。研究显示,当人们处于积极的情绪状态下,人们对整体的判断将会减少注意,形成简单的启发式,这也说明了当被试观看服务价值刺激时由于能够诱发积极情绪,所以占用了较少的顶区和枕区的注意和认知资源。

本书通过应用事件相关电位的研究方法,主要应用了与认知和情绪有关的 ERP 成分,通过 LPP 等成分在不同脑区的诱发情况和振幅的差异,对产品服务组合中不同的要素的认知和情感卷入进行评估,提供消费者在购买决策过程中的心理和神经机制。本书的研究成果对于开创服务科学的新研究方法,促进神经服务科学的形成具有重大的理论指导意义,同时也能够指导企业的实践,具体表现为以下几点:

(1)促进神经服务科学的产生。本书将服务科学与神经学进行结合,能够通过脑科学的研究方法对人的行为和心理进行测量和观测,有效地解决了服务科学中人的因素难以控制和测量的问题。在互联网和信息技术与服务经济融合发展的背景下,人们的消费模式以及服务推送的方式正在发生巨大变化,大量的以推送服务为主体的互联网销售形式异军突起，产品与服务融合的形式丰富多样，正在逐步改变人们对传统服务的认知。服务科学作为新兴学科，具有多学科交叉的特点，研究方法目前仍处于探索之中，研究内容围绕着服务质量等实质性内容，但同时重视人所发挥的至关重要的作用，研究过程中又需要同时兼顾科学性，这就要求其能够采用量化的研究方法对人的行为和心理进行测量。神经服务科学能够运用自然科学的研究方法解决服务科学中难以解决的人的因素的关键难题，将服务科学中的与人的认知、情绪有关的变量采用神经学的测量工具进行量化，实现了服务科学与心理学和神经学的交叉应用，为服务科学的研究提供全新的方法论，具有极大的理论指导意义。

（2）应用于对消费者情绪的测量。本书证实了不同情绪值的服务所诱发的LPP 振幅存在显著差异，这一研究结论可以扩展至对消费者情绪的测量。消费者情绪在购买决策过程中发挥重要作用，而在产品服务组合的选购过程中，服务在诱发消费者的积极情绪上发挥着不可替代的作用。服务与产品之间存在本质的差异，而服务的评价方法仍多局限于消费者的期望和实际收益之间的差异，缺乏消费者对服务的客观的评价标准。消费者对服务的评价往往采用问卷调查的方法，但是这种方法多是事后测量，难以反映消费者在面对服务时的真实情感，难以实时反映消费者情绪的变化过程，以及关键事件对消费者情绪波动产生的影响。本书模拟网络购物的情境，利用大脑中与情绪处理有关的区域，将服务按照实验后测的情绪值进行分类，可以比较不同服务所诱发的情绪的差异。因此，采用事件相关电位的方法，选择与情绪有关的 ERP 振幅，通过测量波形诱发的脑区、潜伏期以及振幅能够对刺激所诱发的情感效价进行反映。可见，本书通过神经营销学的研究方法可以窥探消费者在对服务进行评估过程中的大脑对信息的加工处理过程，运用了脑成像技术中的研究成果，尤其是前额叶皮层是与奖赏有关的脑区这一研究发现，为研究消费者主观心理活动提供了神经学基础，有助于对消费者情绪的测量形成较为客观的评价标准。

（3）指导产品服务组合的设计。本书能够为企业设计产品服务组合提供思路。产品服务组合的设计不同于单一的产品或者服务的设计，如何根据消费者的需求对产品服务组合中的各要素进行设计至关重要。在产品服务组合中，产品和服务的融合程度不同，会出现以产品为主体和以服务为主体的产品服务组合模式，但服务与产品之间存在着紧密的联系，服务无法脱离产品而独立存在和销售。产品服务组合中的服务设计一方面要体现产品与服务的融合以及服务所发挥的重要作用，另一方面则是体现服务所特有的特点，即通过服务接触展现优良的服务流程和服务风格,以及服务人员的培训等,可见在产品服务组合中如何向顾客提供良好的服务设计是关键。服务的种类多样化,服务内容的设计和变更比产品属性的变更相对容易,因此通过提供满足顾客个性化需求的服务能够有效地增强产品服务组合的整体价值。本书对消费者对服务的价值认知和情感卷入进行了分析,企业可以利用服务价值能够诱发消费者积极情绪的特点设计服务内容,同时由于服务成本将会占用消费者更多的认知资源,因此可以在新服务的推广过程中加大消费者学习和选择恰当的营销模式。积极情绪更容易产生消费者满意,并且在积极情绪的情境下,有助于消费者记忆,并更容易产生消费者忠诚。因此,本书有助于企业探寻最能够诱发消费者积极情绪的产品服务组合。

(4)指导企业采用有效的方法进行服务营销。消费者的认知和需求存在较大差异,尤其是对服务的需求将更容易受消费者的个性、生活习惯,以及消费者的动机和态度等因素影响,而服务这一要素又具有无形性和差异性等特点,并且服务质量的感知也会与服务提供者的接触和互动有关,因此如何了解消费者对服务的需求一直是研究的难点。如果企业能够掌握消费者的心理,新的服务可能会改变或者创造消费者的需求,进而形成企业独有的竞争优势。相反,如果服务的提供不能够使消费者获得明显的状态的改善或者收益的增加,企业将会难以获得服务所创造的价值。本书分析了消费对产品服务组合进行购买过程中的情绪和认知的交互作用,得出了消费者面对服务价值和服务成本时情绪和认知的差异,进而有助于企业通过消费者学习、培训、讲座或者体验等方式来增强消费者认知,进而增强消费者对新兴服务的认知能力。同时由于消费者情绪的诱发是导致冲动性消费的重要原因之一,本书也可以解释消费者的冲动性消费,进而为企业营造诱发消费者积极情绪的服务接触提供思路。

(5)有助于服务定价。关于服务定价的问题一直是学术界研究的重点和难点。产品服务组合的种类多样,服务作为重要的要素其定价的模式以及价格标准可以参考消费者对服务的认知和情感卷入情况。本书在第4章证实了不同的服务能够诱发消费者不同效价的积极情绪,第5章分析了消费者对服务选择时认知和情感的交互作用,在消费者对产品属性信息和服务信息进行认知和评估的过程中,会根据自身的认知能力、购物经验以及感知价值等进行选择,因此在消费者浏览产品属性的信息和服务内容时所诱发的情绪类型会存在显著差异。消费者的决策过程包含了认知和情绪的交互作用,但由于消费者的内心活动难以解释和量化,通过事件相关电位的研究方法能够一窥消费者在购物过程中的情感卷入，为企业掌握消费者的情感体验提供了方法。伴随着电商平台的激烈竞争和推陈出新，以及网络购物具有的信息的多样性的特点，而消费者在进行信息处理过程中的能力是有限的，在这种背景下受消费者有限理性的影响，情绪将会成为引导消费者选择处理信息的重要因素之一，会对购买行为产生更大的影响，因此企业可以参考消费者评估服务的心理和神经机制对其进行定价。

本书的研究还存在诸多的局限和需要加以扩展的方向：

（1）本书选择的产品范围并没有涉及所有商品种类，这对于研究结论的应用将产生一定的局限。对于一些特殊的商品，如奢侈品或者外观设计美观或者属性配置极高的产品，也能够诱发消费者的积极情绪，这类产品服务组合中如何强化服务对积极情绪诱发的作用也值得研究。在以后的研究中应扩展至不同产品种类的产品服务组合的消费者的认知差异，为指导企业选择最适宜提供产品服务组合的产品种类提供思路。同时，在本书中并没有考虑品牌对消费者选择产品服务组合的影响。消费者对品牌也存在不同的认知和情感卷入，已经有相关的研究证实品牌能够激活大脑扣带回皮层和脑岛的活动，因此品牌也是影响消费者对产品服务组合认知和情感卷入的重要因素。

（2）第 4 章从消费者情感卷入的角度衡量了消费者对不同服务的情感效价的差异，研究中根据消费者对服务所诱发的情绪值进行了划分，比较了不同情绪值的服务所诱发的 LPP 振幅的差异。研究证实了不同类型的服务能够诱发不同情感效价的差异。但是服务具有多样性和差异性的特点，本书尚未对服务内容进行详细的划分，以及究竟哪种类型的服务所诱发的消费者情绪值最高尚未确定。在今后的研究中可以根据服务作用于物和作用于人等不同的特点进行划分，根据服务所带来的物或者人的状态改变的程度对服务的情感卷入进行深入研究，进而为研究和设计最吸引消费者的服务提供思路和指导。

（3）本书对服务价值和服务成本的价值感知和情感卷入进行了研究，但是由于消费者的学历、月可支配收入、生活习惯和经验阅历等因素的不同，导致消费者对于服务的认知能力存在差异，而本书是被试内测试，没有按照认知能力的差异进行被试间测试。因此在以后的研究中可以将消费者的认知能力差异作为自变量考察期对价值感知的影响，进而比较不同认知能力对消费者购买产品服务组合决策的影响。

综上，基于对目前产品服务系统及消费者需求和决策的研究成果的总结，无论是研究方法还是研究内容，甚至是具体的实验设计都有较大的改善空间。未来的研究如果可以兼具神经管理学、心理学和消费者行为三方面，不仅有利于解释消费者对产品服务系统的需求认知和购买决策，而且可以从神经层面解释影响消费者对产品与服务替代和互补的机制，找到消费者评估产品服务组合的神经刺激回路，符合当前消费者行为研究中多学科理论交叉与融合的发展趋势。

参考文献

［1］Addie I. Is Neuroscience Facilitating a New Era of the Hidden Persuader? ［J］International Journal of Market Research, 2011, 53 (3): 303.

［2］Aharon I., Etcoff N., Ariely D., Chabris C. F., O'Connor E., Breiter H. C. Beautiful Faces Have Variable Reward Value: fMRI and Behavioral Evidence ［J］. Neuron, 2001, 32 (3): 537-551.

［3］Ahuvia A. C. Beyond the Extended Self: Loved Objects and Consumers' Identity Narratives ［J］. Journal of Consumer Research, 2005, 32 (1): 171-184.

［4］Allen J. J. B., Iacono W. G., Danielson K. D. The Identification of Concealed Memories Using the Event-Related Potential and Implicit Behavioral Measures: A Methodology for Prediction in the Face of Individual Differences ［J］. Psychophysiology, 1992 (29): 5004-5022.

［5］Ambler T., Braeutigam S., Stins J., Rose S., Swithenby S. Salience and Choice: Neural Correlates of Shopping Decisions ［J］. Psychology and Marketing, 2004, 21 (4): 247-261.

［6］Antal A., Keri S., Kovacs G., Janka Z., Benedek G. Early and Late Components of Visual Categorization: An Event-Related Potential Study ［J］. Cognitive Brain Research, 2000 (9): 117-119.

［7］Anurova I., Artchakov D., Korvenoja A., Ilmoniemi R. J., Aronen H. J., Carlson S. Cortical Generators of Slow Evoked Responses Elicited by Spatial and Nonspatial Auditory Working Memory Tasks ［J］. Clinical Neurophysiology, 2005 (116): 1644-1654.

［8］Armony J. L., Dolan R. J. Modulation of Spatial Attention By Fear-Conditioned Stimuli: An Event-Related fMRI Study ［J］. Neuropsychologia, 2002 (40): 817-826.

［9］Arnould E. A Theory of Shopping, Place and Identity ［J］. American Ethnologist, 1999, 26 (4): 999-1000.

［10］Arnould E. J. , Price L. L. River Magic: Extraordinary Experience and the Extended Service Encounter ［J］. Journal of Consumer Research, 1993, 20 （1）: 24-45.

［11］Astolfi L. , et al. Neural Basis for Brain Responses to TV Commercials: A High- Resolution EEG Study ［J］. IEEE Transactions on Neural Systems and Rehabilitation Engineering, 2008, 16 （6）: 522-531.

［12］ Bagozzi R. P. , Gopinath M. , Nyer P. U. The Role of Emotions in Marketing ［J］. Journal of the Academy of Marketing Science, 1999, 27(2):184-206.

［13］Baines T. , et al. Towards an Operations Strategy For Product-Centric Servitization ［J］. International Journal of Operations & Production Management, 2009, 29 （5）: 494-519.

［14］ Bansal H. S. , Taylor S. F. The Service Provider Switching Model: A Model of Customer Switching Behaviour in the Service Industry ［J］. Journal of Service Research, 1999, 2 （2）: 200-218.

［15］ Barbas H. Anatomic Basis of Cognitive - Emotional Interactions in the Primate Prefrontal Cortex ［J］. Neuroscience & Biobehavioral Reviews, 1995 （19）: 499-510.

［16］ Bar M. A. Cortical Mechanism for Triggering Top-Down Facilitation in Visual Object Recognition ［J］. Journal of Cognitive Neuroscience, 2003 （15）: 600-609.

［17］Bentin S. , Peled B. S. The Contribution of Task-Related Factors to ERP Repetition Effects as Short and Long Lags ［J］. Memory & Cognition, 1990 （18）: 359-366.

［18］ Berry L. L. , Swider K. , Grewal D. Understanding Service Convenience ［J］. Journal of Marketing, 2002, 66 （3）: 1-17.

［19］Beuren F. H. , Ferreira M. G. , Miguel P. A. Product-Service Systems: A Literature Review on Integrated Products and Services ［J］. Journal of Cleaner Production, 2013 （47）: 222-231.

［20］ Birbaumer N. , Elbert T. , Canavan A. G. , Rockstroh B. Slow Potentials of the Cerebral Cortex and Behavior ［J］. Physiological Reviews, 1990 （70）: 1-41.

［21］Bitner M. J. Service Scapes: The Impact of Physical Surroundings on Customers and Employees ［J］. Journal of Marketing, 1992 （56）: 57-71.

［22］ Blackwell R. D. , Miniard P. W. , Engel J. F. Consumer Behavior （9th.）

［M］. Mason, OH, South-Western Thomas Learning, 2001.

［23］Bloch P. H. Seeking the Ideal Form: Product Design and Consumer Response ［J］. Journal of Marketing, 1995, 59 (3): 16-29.

［24］Bolton R. N. , Drew J. H. A Multistage Model of Customers' Assessments of Service Quality ［J］. Journal of Consumer Research, 1991, 17 (4): 375-384.

［25］Boulding W. , Kalra A. , Staelin R. , Zeithaml V. A. A Dynamic Model of Service Quality: From Expectations to Behavioral Intentions ［J］. Journal of Marketing Research, 1993, 30 (1): 7-27.

［26］Bradley M. M. , Codispoti M. , Cuthbert B. N. , Lang P. J. Emotion and Motivation I: Defensive and Appetitive Reactions in Picture Processing ［J］. Emotion, 2001 (1): 276-298.

［27］Bradley M. M. Natural Selective Attention: Orienting and Emotion ［J］. Psychophysiology, 2009 (46): 1-11.

［28］Brady M. K. , Cronin J. J. Jr. Some New Thoughts on Conceptualizing Perceived Service Quality: A Hierarchical Approach ［J］. Journal of Marketing, 2001, 65 (3): 34-49.

［29］Breiter H. C. , et al. Response and Habituation of the Human Amygdala During Visual Processing of Facial Expression ［J］. Neuron, 1996 (17): 875-887.

［30］Brunner R. , Emery S. , Hall R. Do You Matter? How Great Design Will Make People Love You Company ［M］. Upper Saddle River. NJ: FT Press, 2009.

［31］Burk M. C. , Edell J. A. The Impact of Feelings on Ad-Based Affect and Cognition ［J］. Journal of Marketing Research, 1989, 26 (2): 69-83.

［32］Burnham T. A. , Frels J. K. , Mahajan V. Customer Switching Costs: A Typology, Antecedents, and Consequences ［J］. Journal of the Academy of Marketing Science, 2003, 31 (2): 109-126.

［33］Butcher K. J. , Sparks B. , O' Callghan F. Evaluative and Relational Influences on Service Loyalty ［J］. International Journal of Service Industry Man-agement, 2001, 12 (4): 310-327.

［34］Camerer C. , Loewenstein G. , Prelec D. Neuroeconomics: How Neuroscience Can Inform Economics ［J］. Journal of Economic Literature, 2005, 43 (1): 9-64.

［35］Camerer C. Neuroeconomics: Using Neuroscience to Make Economic Predictions [J]. the Economic Journal, 2007: 117 (519): C26-C42.

[36] Caruana A., Money A. H., Berthon P. R. Service Quality and Satisfaction—The Moderating Role of Value [J]. European Journal of Marketing, 2000, 34 (11/12): 1338-1352.

[37] Chaudhuri A. Product Class Effects on Perceived Risk: The Role of Emotion [J]. International Journal of Research in Marketing, 1998 (15): 157-168.

[38] Chen M., et al. Cognitive and Emotional Conflicts of Counter-Conformity Choice in Purchasing Books Online: An Event-Related Potentials Study [J]. Biological Psychology, 2010 (85): 437-445.

[39] Coan J. A., Allen J. J. B. Frontal EEG Asymmetry as a Moderator and Mediator of Emotion [J]. Biological Psychology, 2004 (67): 7-49.

[40] Coan J. A., et al. Voluntary Facial Expression and Hemispheric Asymmetry over the Frontal Cortex [J]. Psychophysiology, 2001 (38): 912-925.

[41] Collet L., Duclaux R. Hemispheric Lateralization of Emotions: Absence of Electrophysiological Arguments[J]. Physiology & Behavior, 1986 (40): 215-220.

[42] Cook I. A., Warren C., Pajot S. K., Schairer D., Leuchter A. F. Regional Brain Activation with Advertising Images [J]. Journal of Neuroscience, Psychology, and Economics, 2011, 4 (3): 147-160.

[43] Coricelli G., Critchley H. D., Joffily M., O' Doherty J. P., Sirigu A., Dolan R. J. Regret and Its Avoidance: A Neuroimaging Study of Choice Behavior [J]. Nature Neuroscience, 2005, 8 (9): 1255-1262.

[44] Cronin J. J. Jr., Brady M. K., Hult G. T. M. Assessing the Effect of Quality, Value and Customer Satisfaction on Consumer Behavioral Intention in Service Environment [J]. Journal of Retailing, 2000, 76 (2): 193-218.

[45] Cronin J. J. Jr., Taylor S. A. Measuring Service Quality: A Reexamination and Extension [J]. Journal of Marketing, 1992, 56 (3): 55-68.

[46] Cuthbert B. N., Schupp H. T., Bradley M. M., Birbaumer N., Lang P. J. Brain Potentials in Affective Picture Processing: Covariation with Autonomic Arousal and Affective Report [J]. Biological Psychology, 2000 (52): 95-111.

[47] Dabholkar P., Shepherd C. D., Thorpe D. I. A Comprehensive Framework for Service Quality: An Investigation of Critical Conceptual and Measurement Issues through a Longitudinal Study[J]. Journal of Retailing, 2000, 76(2):139-173.

［48］Davidson R. J. , et al. Approach－Withdrawal and Cerebral Asymmetry：E-motional Expression and Brain Physiology ［J］. Journal of Personality and Social Psychology, 1990 （58）：330-341.

［49］Davidson R. J. , et al. Asymmetrical Brain Electrical Activity Discriminates between Psychometrically－Matched Verbal and Spatial Cognitive Tasks ［J］. Psychophysiology, 1990 （27）：528-543.

［50］Davidson R. J. , et al. Effects of Lateralized Presentations of Faces on Self－Reports of Emotion and EEG Asymmetry in Depressed and Non－Depressed Subjects ［J］. Psychophysiology, 1985 （22）：353-364.

［51］ Davidson R. J. , Fox N. A. Asymmetrical Brain Activity Discriminates between Positive and Negative Affective Stimuli in Human Infants ［J］. Science, 1982 （218）：1235-1236.

［52］Davidson R. J. What Does the Prefrontal Cortex "Do" in Affect：Perspectives on Frontal EEG Asymmetry Research ［J］. Biological Psychology, 2004, 67 （1）：219-234.

［53］ Deppe M. , et al. Anterior Cingulate Reflects Susceptibility to Framing during Attractiveness Evaluation ［J］. Neuroreport, 2007, 18 （11）：1119-1123.

［54］Derbaix C. , Pham M. T. Affective Reactions to Consumption Situations：A Pilot Investigation ［J］. Journal of Economic Psychology, 1991, 12 （2）：325-355.

［55］ Dhar R. , Wertenbroch K. Consumer Choice between Hedonic and Utilitarian Goods ［J］. Journal of Marketing Research, 2000, 37 （1）：60-71.

［56］ Diedrich O. , Naumann E. , Maier S. G. B. , Bartussek D. A Frontal Positive Slow Wave in the ERP Associated with Emotional Slides ［J］. Journal of Psychophysiology, 1997 （11）：71-84.

［57］Dietrich D. E. , et al. Differential Effects of Emotional Content on Event－Related Potentials in Word Recognition Memory ［J］. Neuropsychobiology, 2001 （43）：96-101.

［58］ Donchin E. , Coles M. G. Is the P300 Component a Manifestation of Context Updating? ［J］. Behavioral and Brain Sciences, 1988 （11）：357-427.

［59］Donchin E. , Coles M. G. Is the P300 Component a Manifestation of Context Updating? ［J］. Behavior and Brain Science, 1988, 11 （3）：357-374.

［60］Edell J. A. Burke M. C. The Power of Feelings in Understanding Advertising

Effect〔J〕. Journal of Consumer Research, 1987, 14 (3): 421-433.

〔61〕Elliott R. , Dolan R. J. , Frith C. D. Dissociable Functions in the Medial and Lateral Orbitofrontal Cortex: Evidence from Human Neuroimaging Studies〔J〕. Cerebral Cortex, 2000, 10 (3): 308-317.

〔62〕Erk S. , Spitzer M. , Wunderlich A. P. , Galley L. , Walter H. Cultural Objects Modulate Reward Circuitry〔J〕. Neuroreport, 2002, 13 (18): 2499-2503.

〔63〕Ferrari V. , Codispoti M. , Cardinale R. , Bradley M. M. Directed and Motivated Attention during Processing of Natural Scenes〔J〕. Journal of Cognitive Neuroscience, 2008 (20): 1753-1761.

〔64〕Flaisch T. , et al. Affective Prime and Target Picture Processing: An ERP Analysis of Early and Late Interference Effects〔J〕. Brain Topogr, 2008 (20): 183-191.

〔65〕Fliessbach K. , et al. Social Comparison Affects Reward-Related Brain Activity in the Human Ventral Striatum〔J〕. Science, 2007, 318 (5854): 1305-1308.

〔66〕Foti D. , Hajcak G. Deconstructing Reappraisal: Descriptions Preceding Arousing Pictures Modulate the Subsequent Neural Response〔J〕. Journal of Cognitive Neuroscience, 2008 (20): 977-988.

〔67〕Foti D. , Hajcak G. , Dien J. Differentiating Neural Responses to Emotional Pictures: Evidence From Temporal-Spatial PCA〔J〕. Psychophysiology, 2009 (46): 521-530.

〔68〕Fugate D. L. Neuromarketing: Alayman's Look at Neuroscience and Its Potential Application to Marketing Practice〔J〕. Journal of Consumer Marketing, 2007, 24 (7): 385-394.

〔69〕Gable P. A. , Adams D. L. Nonaffective Motivation Modulates the Sustained LPP (1000-2000 ms)〔J〕. Psychophysiology, 2013 (50): 1251-1254.

〔70〕Gaiardelli P. , et al. A Classification Model for Product-Service Offerings〔J〕. Journal of Cleaner Production, 2013 (11): 1-13.

〔71〕García-Larrea L. , Cézanne-Bert G. P3, Positive Slow Wave and Working Memory Load: A Study on the Functional Correlates of Slow Wave Activity〔J〕. Electroencephalography and Clinical Neurophysiology, 1998 (108): 260-273.

〔72〕Gohm C. L. , Clore G. L. Individual Differences in Emotional Experience

［J］. Personality and Social Psychology Bulletin, 2000, 26（6）: 679-697.

［73］ Hajcak G. , MacNamara A. , Olvet D. M. Event-Related Potentials, Emotion, and Emotion Regulation: An Integrative Review ［J］. Developmental Neuropsychology, 2010（35）: 129-155.

［74］Harmon-Jones E. Clarifying the Emotive Functions of Asymmetrical Frontal Cortical Activity ［J］. Psychophysiology, 2003, 40（6）: 838-848.

［75］Haughan H. G. The Relationship of Brain Activity to Scalp Recordings of Event-Related Potentials ［M］. In: Donchin E. , Lindsley D. （Eds）, Average Evoked Potentials. Washington, DC: NASA, 1969: 45-94.

［76］ Hauk O. , Keil, A. , Elbert T. , Müller M. M. Comparison of Data Transformation Procedures to Enhance Topographical Accuracy in Timeseries Analysis of The Human EEG ［J］. Journal of Neuroscience Methods, 2002（113）: 111-122.

［77］Hirschman E. C. , Holbrook M. B. Hedonic Consumption: Emerging Concepts, Methods, and Propositions ［J］. Journal of Marketing, 1982, 46（3）: 92-101.

［78］ Hoffman J. E. , Simons R. F. , Houck M. The Effects of Automatic and Controlled Processing on the P300 ［J］. Psychophysiology, 1983（20）: 625-632.

［79］ Holbrook M. B. , Hirschman E. C. TheExperiential Aspects of Consumption: Consumer Fantasies, Feelings, and Fun ［J］. Journal of Consumer Research, 1982, 9（2）: 132-140.

［80］Holbrook M. B. , Westwood R. A. The Role of Emotion in Advertising Revisited: Testing a Typology of Emotional Responses ［M］. In: Cafferate P. , Tybout A. M. Editors. Cognitive and Affective Responses to Advertising. Lexington（MA）: Lexington Books, 1989.

［81］ Holmes A. , Vuilleumier P. , Eimer M. The Processing of Emotional Facial Expression is Gated by Spatial Attention: Evidence from Event-Related Brain Potentials ［J］. Cognitive Brain Research, 2003（16）: 174-184.

［82］Hubert M. Does Neuroeconomics Give New Impetus to Economic and Consumer Research? ［J］ Journal of Economic Psychology, 2010, 31（5）: 812-817.

［83］Hubert M. , Kenning P. Acurrent Overview of Consumer Neuroscience ［J］. Journal of Consumer Behaviour, 2008, 7（4-5）: 272-292.

［84］ Hyllegard K. , Eckman M. , Descals A. M. , Borja M. Spanish Customers' Perceptions of US Apparel Specialty Retailers' Products and Services ［J］.

Journal of Customer Behavior, 2005, 4 (5): 345-362.

[85]Izard C. E. Differential Emotions Theory and the Facial Feedback Hypothesis of Emotion Activation: Comments on Tourangeau and Ellsworth's the Role of Facial Response in the Experience of Emotion [J]. Journal of Personality and Social Psychology, 1981, 40 (2): 350-354.

[86] Jang S., Namkung Y. Perceived Quality, Emotions, and Behavioral Intentions: Application of an Extended Mehrabian-Russell Model to Restaurants [J]. Journal of Business Research, 2009, 62 (4): 451-460.

[87]Jeong S. W., Fiore A. M., Niehm L. S., Lorenz F. O. The Role of Experiential Value in Online Shopping: The Impacts of Product Presentation on Consumer Responses Towards an Apparel Web Site [J]. Internet Research, 2009, 19 (1): 105-124.

[88] Johnston V. S., Miller D. R., Burleson M. H. Multiple P3s to Emotional Stimuli and their Theoretical Significance [J]. Psychophysiology, 1986 (23): 684-694.

[89] Johnston V. S., Oliver-Rodriguez J. C. Facial Beauty and the Late Positive Component of Event-Related Potentials [J]. Journal of Sex Research, 1997 (34): 188-198.

[90] Jones M. A., Mothersbaugh D. L., Beatty S. E. Switching Barriers and Repurchase Intentions in Services [J]. Journal of Retailing, 2000, 76 (2): 259-274.

[91] Jones M. A., Mothersbaugh D. L., Beatty S. E. Why Customers Stay: Measure the Underlying Dimensions of Services Switching Costs and Managing Their Differential Strategic Outcomes [J]. Journal of Business Research, 2002, 55 (6): 441-450.

[92]Jones W., Childers T., Jiang Y. The Shopping Brain: Math Anxiety Modulates Brain Responses to Buying Decisions [J]. Biological Phychology, 2012, 89 (1): 201-213.

[93] Junghöfer M., Bradley M. M., Elbert T. R., Lang P. J. Fleeting Images: A New Look at Early Emotion Discrimination [J]. Psychophysiology, 2001 (38): 175-178.

[94] Junghöfer M., Sabatinelli D., Bradley M. M., Schupp H. T., Elbert T. R., Lang P. J. Fleeting Images: Rapid Affect Discrimination in the Visual Cortex

［J］. Neuroreport，2006（17）：225-229.

［95］Junghöfer M. ，Schupp H. T. ，Stark R. ，Vaitl D. Neuroimaging of Emotion：Empirical Effects of Proportional Global Signal Scaling in fMRI Data Analysis ［J］. Neuroimage，2005（25）：520-526.

［96］Kable J. W. The Cognitive Neuroscience Toolkit for the Neuroeconomist：A Functional Overview ［J］. Journal of Neuroscience，Psychology，and Economics，2011，4（2）：63-84.

［97］Khushaba R. N. ，et al. Consumer Neuroscience：Assessing the Brain Response to Marketing Stimuli Using Electroencephalogram（EEG）and Eye Tracking ［J］. Expert Systems with Applications，2013（40）：3803-3812.

［98］Klucharev V. ，Smidts A. ，FernÁNdez G. Brain Mechanisms of Persuasion：How "Expert Power" Modulates Memory and Attitudes ［J］. Social Cognitive and Affective Neuroscience，2008，3（4）：353-366.

［99］Knutson B. ，Rick S. ，Wimmer G. E. ，Prelec D. ，Loewenstein G. Neural Predictors of Purchases ［J］. Neuron，2007，53（1）：147-156.

［100］Kwortnik R. J. ，Ross W. T. The Role of Positive Emotions in Experiential Decisions ［J］. International Journal of Research in Marketing，2007（24）：324-335.

［101］Lam S. Y. ，Shankar V. ，Erramolli M. K. ，Murthy B. Customer Value，Satisfaction，Loyalty，and Switching Costs：An Illustration from a Business-to-Business Service Context ［J］. Journal of the Academy of Marketing Science，2004，32（3）：293-311.

［102］Lapierre J. ，Filiatrault P. ，Chebat J. C. Value Strategy Rather than Quality Strategy：A Case of Business-to-Business Professional Service ［J］. Journal of Business Research，1999，45（2）：235-246.

［103］Laros F. ，Steenkamp J. Emotions in Consumer Behavior：A Hierarchical Approach ［J］. Journal of Business Research，2005，58（10）：1437-1445.

［104］Lazarus，R. S. Progress on a Cognitive-Motivational-Relational Theory of Emotion ［J］. American Psychologist，1991，46（8）：819-834.

［105］Lee N. ，Broderick A. J. ，Chamberlain L. What Is "Neuromarketing"? A Discussion and Agenda for Future Research ［J］. Cognitive Neuroscience：Contributions from Psychophysiology，2007，63（2）：199-204.

［106］Lightfoot H. ，Baines T. ，Smart P. The Servitization of Manufacturing：A

Systematic Literature Review of Interdependent Trends [J]. International Journal of Operations & Production Management, 2013 (33): 11-12.

[107]Liu Y., Huang H., McGinnis-Deweese M., Keil A., Ding M. Neural Substrate of the Late Positive Potential in Emotional Processing [J]. Journal of Neuroscience, 2012 (32): 14563-1472.

[108] Luck S. J., Woodman G. F., Vogel E. K. Event – Related Potential Studies of Attention [J]. Trends in Cognitive Sciences, 2000 (4): 432-440.

[109]Lu T., Tu R., Jen W. The Role of Service Value And Switching Barriers in An Integrated Model of Behavioural Intentions [J]. Total Quality Management and Business Excellence, 2011, 22 (10): 1071-1089.

[110] Lutzenberger W., Elbert T., Rockstroh B. A Brief Tutorial on the Implications of Volume Conduction for the Interpretation of the EEG [J]. Journal of Psychophysiology, 1987 (1): 81-90.

[111]Magliero A., Bashore T. R., Coles M. G., Donchin E. On the Dependence of P300 Latency on Stimulus Evaluation Processes [J]. Psychophysiology, 1984, 21 (2): 171-186.

[112] Maguire L., Geiger S. Emotional Timescapes: The Temporal Perspective and Consumption Emotions in Services [J]. Journal of Services Marketing, 2015, 29 (3): 211-223.

[113] Manzini E., Vezzoli C. A Strategic Design Approach to Develop Sustainable Product Service Systems: Examples Taken from the "Environmentally Friendly Innovation" Italian Prize [J]. Journal of Cleaner Production, 2003, 11 (8): 851-857.

[114]Maren S., Quirk G. J. Neuronal Signalling of Fear Memory [J]. Nature Reviews Neuroscience, 2004, 5 (11): 844-852.

[115] Markeset T., Kumar U. Product Support Strategy: Conventional Versus Functional Products [J]. Journal of Quality in Maintenance Engineering, 2005, 11 (1): 53-67.

[116] Martinez V., Bastl M., Kingston J., Evans S. Challenges in Transforming Manufacturing Organisations into Product – Service Providers [J]. Journal of Manufacturing Technology Management, 2010, 21 (4): 449-469.

[117]Mathieu V. Service Strategies within the Manufacturing Sector: Benefits,

Costs and Partnership［J］. International Journal of Service Industry Management, 2001, 12 (5): 451-475.

［118］Matsuda I. , Nittono H. Motivational Significance and Cognitive Effort Elicit Different Late Positive Potentials［J］. Clinical Neurophysiology, 2015 (126): 304-313.

［119］Mcclure S. M. , Li J. , Tomlin D. , et al. Neural Correlates of Behavioral Preference for Culturally Familiar Drinks ［J］. Neuron, 2004, 44 (2): 379-387.

［120］Mcgaugh J. L. Memory—A Century of Consolidation ［J］. Science, 2000, 287 (5451): 248-251.

［121］Mick D. G. , Buhl C. A Meaning-Based Model of Advertising Experiences ［J］. Journal of Consumer Research, 1992, 19 (3): 317-338.

［122］Mont O. K. Clarifying the Concept of Product-Service System ［J］. Journal of Cleaner Production, 2002 (11): 237-245.

［123］Morris J. D. , et al. Mapping Amultidimensional Emotion in Response to Television Commercials ［J］. Human Brain Mapping, 2009, 30 (3): 789-796.

［124］Murray E. A. The Amygdala, Reward and Emotion ［J］. Trends in Cognitive Sciences, 2007, 11 (11): 489-497.

［125］Neelamegham R. , Jain D. Consumer Choice Processes for Experience Goods: An Econometric Model and Analysis ［J］. Journal of Marketing Research, 1999, 36 (3): 373-386.

［126］Neely A. Exploring the Financial Consequences of the Servitization of Manufacturing ［J］. Operations Management Research, 2009, 1 (2): 103-118.

［127］Neu W. A. , Brown S. W. Manufacturers Forming Successful Complex Business Services ［J］. International Journal of Service Industry Management, 2008, 19 (2): 232-251.

［128］Ohme R. , Reykowska D. , Wiener D. , Choromanska A. Analysis of Neurophysiological Reactions to Advertising Stimuli by Means of EEG and Galvanic Skin Response Measures［J］. Journal of Neuroscience, Psychology, and Economics, 2009, 2 (1): 21-31.

［129］Ohme R. , Reykowska D. , Wiener D. , Choromanska A. Application of Frontal EEG Asymmetry to Advertising Research ［J］. Journal of Economic Psychology, 2010, 31 (5): 785-793.

［130］Oliva R. , Kallenberg R. Managing the Transition from Products to Services ［J］. International Journal of Service Industry Management, 2003: 14 （2）: 160-172.

［131］Oliver J. The Consumer's Perspective on Evaluating Products: Service is the Key ［J］. Journal of Services Marketing, 2015, 29 （3）: 200-210.

［132］Olofsson J. K. , Nordin S. , Sequeira H. , Polich J. Affective Picture Processing: An Integrative Review of ERP Findings ［J］. Biological Psychology, 2008 （77）: 247-265.

［133］Olofsson J. K. , Polich J. Affective Visual Event - Related Potentials: Arousal,Repetition, and Time-on-Task ［J］. Biological Psychology, 2007 （75）: 101-108.

［134］Otto J. E. , Ritchie J. R. B. The Service Experience in Tourism ［J］. Tourism Management, 1996, 17 （3）: 165-174.

［135］Pearce P. L. , Lee U. I. Developing the Travel Career Approach to Tourist Motivation ［J］. Journal of Travel Research, 2005, 43 （3）: 226-237.

［136］Penttinen E. , Palmer J. Improving Firm Positioning through Enhanced Offerings and Buyereseller Relationships ［J］. Industrial Marketing Management, 2007, 36 （5）: 552-564.

［137］Pham M. T. , Cohen J. B. , Pracejus J. W. , Hughes G. D. Affect Monitoring and the Primacy of Feelings in Judgment ［J］. Journal of Consumer Research, 2001, 28 （2）: 167-188.

［138］Pham M. T. , et al. Affect Monitoring and the Primacy of Feelings in Judgment ［J］. Journal of Consumer Research, 2001 （9）: 167-187.

［139］Pham M. T. Representativeness, Relevance, and the Use of Feelings in Decision Making ［J］. Journal of Consumer Research, 1998, 25 （2）: 144-159.

［140］Pham M. T. The Logic of Feeling ［J］. Journal of Consumer Psychology, 2004, 14 （4）: 360-369.

［141］Phan K. L. , Wager T. , Taylor S. F. , Liberzon I. Functional Neuroa-natomy of Emotion: Ameta - Analysis of Emotion Activation Studies in PET andfMRI ［J］. Neuroimage, 2002, 16 （2）: 331-348.

［142］Polich J. Updating P300: An Integrative Theory of P3a and P3b ［J］. Clinical Neurophysiology, 2007 （118）: 2128-2148.

［143］Preuschoff K. , Quartz S. R. , Bossaerts P. Human Insula Activation Reflects Risk Prediction Errors as Well as Risk ［J］. The Journal of Neuroscience, 2008, 28 (11): 2745-2752.

［144］Ranganathan S. K. Affective and Cognitive Antecedents of Customer Loyalty towards E-Mail Service Providers ［J］. Journal of Services Marketing, 2013, 27 (3): 195-206.

［145］Rapaccini M. , et al. Service Development in Product-Service Systems: A Maturity Model ［J］. Service Industries Journal. 2013, 33 (3-4): 300-319.

［146］Reimann M. , Bechara A. The Somatic Marker Framework as a Neurological Theory of Decision-Making: Review, Conceptual Comparisons, and Future Neuroeconomics Research［J］. Journal of Economic Psychology, 2010, 31(5): 767-776.

［147］Reimann M. , et al. Novel Versus Familiar Brands: An Analysis of Neurophysiology, Response Latency, and Choice ［J］. Marketing Letters, 2012, 23 (3): 745-759.

［148］Reimann M. , Zaichkowsky J. , Neuhaus C. , Bender T. , Weber B. Aesthetic Package Design: Abehavioral, Neural, and Psychological Investigation ［J］. Journal of Consumer Psychology, 2010, 20 (4): 431-441.

［149］Richins M. L. Measuring Emotions in the Consumption Experience ［J］. Journal of Consumer Research, 1997, 24 (2): 127-146.

［150］Rilling J. K. , Sanfey A. G. The Neuroscience of Social Decision-Making ［J］. Annual Review of Psychology, 2011 (62): 23-48.

［151］Rösler F. , Heil M. , Roder B. Slow Negative Brain Potentials as Reflections of Specific Modular Resources of Cognition ［J］. Biological Psychology, 1997 (45): 109-141.

［152］Sabatinelli D. , Keil A. , Frank D. W. , Lang P. J. Emotional Perception: Correspondence of Early and Late Event-Related Potentials With Cortical and Subcortical Functional MRI ［J］. Biological Psychology, 2013 (92): 513-519.

［153］Sabatinelli D. , Lang P. J. , Keil A. , Bradley M. M. Emotional Perc-eption: Correlation of Functional MRI and Event-Related Potentials ［J］. Cerebral Cortex, 2007 (17): 1085-1091.

［154］Sanfey A. G. , Rilling J. K. , Aronson J. A. , et al. The Neural Basis of Economic Decision - Making in the Ultimatum Game ［J］. Science, 2003, 300

(5626): 1755-1758.

[155]Schaefer M. , et al. Neural Correlates of Culturally Familiar Brands of Car Manufacturers [J]. Neuroimage, 2006, 31 (2): 861-865.

[156]Schupp H. T. , Junghofer M. , Weike A. I. , Hamm A. O. Attention and Emotion: An ERP Analysis of Facilitated Emotional Stimulus Processing [J]. Neuro-Report, 2003 (14): 1107-1110.

[157] Schupp H. T. , Stockburger J. , Bublatzky F. , Junghöfer M. , Weike A. I. , Hamm AO. The Selective Processing of Emotional Visual Stimuli While Detecting Auditory Targets: An ERP Analysis [J]. Brain Research, 2008 (1230): 168-176.

[158] Shiv B. , Fedorikhin A. Heart and Mind in Conflict: The Interplay of Affect and Cognition in Consumer Decision Making [J]. Journal of Consumer Research, 1999, 26 (3): 278-292.

[159] Shiv B. , Huber J. The Impact of Anticipating Satisfaction on Consumer Choice [J]. Journal of Consumer Research, 2000, 27 (2): 202-216.

[160]Solnais C. , Andreu J. , Sánchez-Fernández J. , et al. The Contribution of Neuroscience to Consumer Research: A Conceptual Framework and Empirical Review [J]. Journal of Economic Psychology, 2013, 36 (3): 68-81.

[161]Tractinsky N. , Cokhavia A. , Kirschenbauma M. , Sharfib T. Evaluating the Consistency of Immediate Aesthetic Perceptions of Web Pages [J]. International Journal of Human-Computer Studies, 2006 (64): 1071-1083.

[162] Tukker A. , Tischner U. Product-Services As a Research Field: Past, Present and Future [J]. Reflections from a Decade of Research [J] .Journal of Cleaner Production, 2006 (14): 1552-1556.

[163] Vandermerwe S. , Rada J. Servitization of Business: Adding Value By Adding Services [J]. European Management Journal, 1988, 6 (4): 314-324.

[164]Vecchiato G. , et al. Changes in Brain Activity during the Observation of TV Commercials by Using EEG, GSR and HR Measurements [J]. Brain Topography, 2010, 23 (2): 165-179.

[165]Vecchiato G. , et al. Spectral EEG Frontal Asymmetries Correlate with the Experienced Pleasantness of TV Commercial Advertisements [J]. Medical and Biological Engineering and Computing, 2011, 49 (5): 579-583.

［166］Wang J.，Han W. The Impact of Perceived Quality on Online Buying Decisions：An Event-Related Potentials Perspective ［J］. Neuroreport，2014（25）：1091-1098.

［167］Wang Y. J.，Minor M. S. Validity，Reliability，and Applicability of Psychophysiological Techniques in Marketing Research ［J］. Psychology and Marketing，2008，25（2）：197-232.

［168］Weinberg A.，Hilgard J.，Bartholow B. D.，Hajcak G. Emotional Targets：Evaluative Categorization as a Function of Context and Content ［J］. International Journal of Psychophysiology，2012（84）：149-154.

［169］Westbrook R. A.，Oliver R. L. The Dimensionality of Consumption Emotion Patterns and Consumer Satisfaction ［J］. Journal of Consumer Research，1991，18（1）：84-91.

［170］Wise R. A.，RomprÉ P. P. Brain Dopamine and Reward ［J］. Annual Review of Psychology，1989，40（1）：191-225.

［171］Yeung C. W. M.，Wyer R. S.，Jr. Affect，Appraisal，and Consumer Jud-gment ［J］. Journal of Consumer Research，2004，31（2）：412-424.

［172］Yim C. K.，Cjan K. W.，Hung K. Multiple Reference Effects in Service Evaluations：Roles of Alternative Attractiveness and Self-Image Congruity ［J］. Journal of Retailing，2007，83（1）：147-157.

［173］Zajonc R. B. Feeling and Thinking：Preferences Need No Inferences ［J］. American Psychologist，1980（35）：151-175.

［174］Zeithaml V. A.，Berry L. L.，Parasuraman A. The Behavioral Consequences of Service Quality ［J］. Journal of Marketing，1996，60（2）：31-46.

［175］Zeithaml V. A. Consumer Perceptions of Price，Quality and Value：A Mea-ns-End Model and Synthesis of Evidence ［J］. Journal of Marketing，1988，52（3）：2-22.

［176］郭新华，夏瑞洁. 情绪与消费者行为关系研究述评 ［J］. 北京工商大学学报（社会科学版），2010，25（1）：71-74.

［177］何苗. 认知、情绪和脑机制：动漫形象品牌代言效果的实验研究 ［D］. 浙江大学博士学位论文，2013.

［178］马庆国，王小毅. 认知神经科学、神经经济学与神经管理学 ［J］. 管理世界，2006（10）：139-149.

［179］苗瑞，林建良，曹金涛，江志斌，王丽亚．面向产品服务系统的顾客感知价值测量研究［J］．工业工程与管理，2013（1）：1-5．

［180］王小毅．基于脑电信号分析的消费者品牌延伸评估决策研究［D］．浙江大学博士学位论文，2008．

［181］王钰．情绪影响决策过程与结果评价的认知神经机制［D］．天津师范大学博士学位论文，2012．